T4-ADO-881

LA MAGIA DEL PÉNDULO

Rabdomancia y radiestesia

FIORELLO y MARIACRISTINA VERRICO

LA MAGIA DEL PÉNDULO

Rabdomancia y radiestesia

Traducción
Stefano Lucchesi

PANAMERICANA
EDITORIAL

> Verrico, Fiorello
> La magia del péndulo / Fiorello Verrico y Mariacristina Verrico;
> traducción Stefano Lucchesi. — Bogotá : Panamericana Editorial, 2005.
> 176 p. ; 23 cm. — (En armonía)
> Incluye bibliografía.
> ISBN 958-30-1627-6
> 1. Radiestesia –Técnicas 2. Radiestesia 3. Péndulo I. Verrico,
> Fiorello II. Lucchesi, Stefano, tr. III. Tít. IV. Serie.
> 133.323 cd 19 ed.
> AJB1723
>
> CEP-Banco de la República-Biblioteca Luis Ángel Arango

Editor
Panamericana Editorial Ltda.

Edición
Pedro José Román

Traducción
Stefano Lucchesi

Carátula
Diego Martínez

Diseño y Diagramación
Claudia Margarita Vélez G.

Título original del libro: *Magia del pendolo*
Copyright© 1978 por Edizioni Mediterranee – Via Flaminia 109 – 00196 Roma

Primera edición en Panamericana Editorial Ltda., septiembre de 2005
Copyright© 2004 de la traducción, por Panamericana Editorial Ltda.
Calle 12 No. 34-20 Tel.: 3603077
www.panamericanaeditorial.com
panaedit@panamericanaeditorial.com
Bogotá D. C., Colombia

ISBN: 958-30-1627-6

Todos los derechos reservados.
Prohibida su reproducción total o parcial,
por cualquier medio, sin permiso del Editor.

Impreso por Panamericana Formas e Impresos S.A.
Calle 65 No. 95-28 Tel.: 4302110
Quien sólo actúa como impresor.

Impreso en Colombia
Printed in Colombia

A mamma Chiara e a mamma Ilvia

CONTENIDO

PRESENTACIÓN 11
PRÓLOGO, POR VENTIDIO CORTI 13

¿CREER O NO CREER? 15
¿QUÉ ES LA RADIESTESIA? 19
HABÍA UNA VEZ... 27
RADIESTESIA FÍSICA Y RADIESTESIA MENTAL 45
LOS INSTRUMENTOS 53
INTRODUCCIÓN A LA TÉCNICA 63
LA PRÁCTICA RADIESTÉSICA 71
MÁS SOBRE EL PÉNDULO 79
LOS TESTIGOS Y SU USO 85
LOS CUADRANTES Y SU USO 101
LAS BÚSQUEDAS HÍDRICAS 107
LAS BÚSQUEDAS SOBRE LA MESA 113
RADIESTESIA MÉDICA 119
EL PÉNDULO Y LA ESCRITURA AUTOMÁTICA 125
LA RADIESTESIA COMO INDUCTOR DE FENÓMENOS PARANORMALES .. 129
ENTREVISTA CON UN RADIESTESISTA: OSVALDO SACCENTI 135

Las radiaciones 143
La radiónica: ¿Radiestesia de frontera?, por Roberto
  Volterri 147
El Centro de Parestesia Experimental 163

CONCLUSIÓN 169
BIBLIOGRAFÍA 171

PRESENTACIÓN

La publicación de un nuevo trabajo sobre la radiestesia podría parecer superflua si este texto no se distanciase, al menos en las intenciones de los autores, de numerosas publicaciones sobre el mismo tema.

En efecto, en el comercio circulan muchos libros buenos, pero la mayoría de ellos son reediciones de ensayos célebres, a menudo superados, y no suministran los elementos necesarios para la experimentación del fenómeno; lo cual, creemos, está entre las motivaciones primarias que impulsan al lector a comprar un libro sobre un tema en particular.

La radiestesia se explica mediante el uso idóneo de algunas capacidades paranormales, pero nosotros consideramos que tal sensibilidad está presente en todo ser humano: basta probar, con un mínimo de ejercicio, y los resultados a veces sorprenden. Naturalmente, será necesario –para obtener lo mejor– llegar a dominar las técnicas esenciales y es esto lo que se propone explicar este libro.

Durante la realización del presente trabajo tuvimos la oportunidad de consultar las apreciadas publicaciones de la *Revista Italiana de Radiestesia*, editada por el Centro de Radiestesia de Roma, y además nos apoyaron con su conocida y apasionada dedicación a la materia, el amigo Ventidio Corti, presidente del Centro Experimental de Parestesia (CESPERA), y Franco Calvario, director del mismo centro. Para ellos, nuestro sentido agradecimiento.

Un agradecimiento particular para el amigo Roberto Volterri, quien se encargó de la parte relativa a la radiónica.

Las ilustraciones que acompañan la parte práctica de los temas se deben a Gino W. Verrico, quien colaboró con pasión y frecuentemente ha experimentado personalmente los fenómenos descritos.

Esperamos, entonces, haber realizado un trabajo bastante completo y documentado, simple y, sobre todo, útil y práctico.

Fiorello y Mariacristina Verrico

PRÓLOGO

A menudo he tenido la intención y el deseo de desarrollar un trabajo dedicado a la radiestesia. Sin embargo, las ocupaciones cotidianas, la intensa actividad del CESPERA y la caótica vida actual no me lo han permitido. Por este motivo, sentí profunda satisfacción al enterarme de que el amigo Verrico se disponía a escribir un ensayo sobre el tema, apoyado con mucha autoridad por su gentil esposa Mariacristina.

Investigador serio y atento, Fiorello Verrico une a estas dotes sus notables cualidades paranormales. Su colaboración con las actividades del Centro de Parestesia data de hace mucho tiempo; recuerdo aún sus primeros y tímidos acercamientos al péndulo. Él afirma que mi ayuda ha sido muy importante para el desarrollo de sus dotes, pero en realidad yo sólo orienté de manera adecuada sus indudables facultades paranormales.

En cambio, Mariacristina se acercó a la problemática paranormal con cierta timidez, diría que casi con renuencia; sin embargo después se sintió involucrada y fascinada, convirtiéndose en una ayuda muy importante en el trabajo de investigación y experimentación.

Este libro es, entonces, el primer resultado de una diligente colaboración que promete frutos notables e interesantes.

En pocas páginas encontramos la suma de los conocimientos históricos y teóricos en el campo radiestésico. Una novedad es la disertación relativa a la aplicación práctica de la radiestesia en el diagnóstico y tratamiento de las enfermedades.

Se concedió un espacio amplio a la parte esencialmente práctica y relativa al uso de los instrumentos radiestésicos, en particular del péndulo.

Este libro representa realmente un medio de divulgación útil y válido que abrirá las puertas de la radiestesia a muchos lectores.

Ventidio Corti
Presidente del Centro Experimental de Parestesia

¿Creer o no creer?

Para creer es necesario probar, y esto es válido para la realidad del mundo objetivo; pero cuando pasamos al campo de las realidades subjetivas, en el mundo de las impresiones, esta afirmación ya no vale.

Como las impresiones no pueden probarse, ni repetirse a voluntad, entonces no puede afirmarse matemáticamente su correspondencia con una realidad objetiva.

Somos capaces de disponer nuestro ánimo para recibir una sensación, podemos predisponernos a ésta, pero no determinarla voluntariamente; dado un estímulo, puede verificarse o no una cierta sensación.

Un comportamiento escéptico no favorece la "apertura", la disponibilidad a sentir; al contrario, un comportamiento de confianza la estimula.

No se necesita aquella fe absoluta que mueve montañas, sino la poca fe que crea una buena disposición de ánimo.

Sucede que el péndulo y la vara también se mueven en manos de personas escépticas y que éstas, a veces, obtienen resultados sorprendentes. Es verdad: creer no es indispensable pero contribuye a crear el estado favorable para que emerjan los fenómenos paranormales.

Por otra parte, según nuestra opinión personal, dudamos del ostentoso escepticismo de muchas personas. Para algunos es un comportamiento prudente, un comportamiento de defensa; ellos temen ser considerados unos ingenuos, extravagantes, soñadores, desadaptados a la vida práctica y a las luchas que nos impone esa manada de lobos que conforma nuestra sociedad.

Una vida difícil inclina al ser humano sobre la realidad objetiva, sobre el mundo exterior; en esta situación se considera un peligro fijarse en el mundo de las sensaciones, frente a las cuales, por el contrario, uno debe cerrarse para luchar. Y con el fin de no descubrir a sí mismo y a los demás la debilidad propia, se ostenta un escepticismo basado en nada, una fe en el no, que probablemente es cómoda.

Detrás de todo esto, tal vez inconscientemente, ¿cuánta ansiedad hay?, ¿cuánta necesidad de encuentro?, ¿cuánto deseo de que algo abra el capítulo de una esperanza perdida?, ¿qué esperanzas se callan celosamente por temor a ser heridas por la desilusión?

Y este erigir las barreras del escepticismo, este hablar, ¿hasta qué punto es temer descargarse del yo, como el paciente que se libera hablando con el psicoanalista de su trauma?

Como anotamos, dudamos mucho de cierto escepticismo apriorístico, preconcebido y, sobre todo, infundado.

Preferimos una fe, aunque sea ingenua, que nos mueve a intentar y que sabe también aceptar una experiencia negativa, una desilusión para adecuarse a la realidad.

Adecuar la fe a la realidad significa armonía entre el mundo interior y el mundo exterior, entendidos como dos mitades de la misma esfera. No se hablará de fugas en la esfera emotivo-imaginaria para evadirse de una realidad no aceptada, ni de fugas en la esfera de las actividades prácticas para evadirse de un yo no aceptado y sin contenidos.

Los contenidos imaginarios, poéticos, entran a formar parte de la vida y no lo hacen en menor grado que los comportamientos críticos y las actitudes técnico-científicas.

Lo importante es que no haya entre estas dimensiones una fractura o contradicción y que se usen en su ámbito correspondiente y según el caso.

Si un rabdomante busca un yacimiento de agua subterránea con la vara o el péndulo y cree advertir su presencia mediante ondas no muy bien identificadas, nunca debemos contradecirlo tratando de demostrarle que no se puede hablar de ondas; al hacer esto lo turbaremos, lo dejaremos menos dispuesto para la búsqueda, romperemos su estado de equilibrio psíquico y, por tanto, afectaremos su sensibilidad.

Así mismo, si él cree ser infalible en sus experimentos, no nos opondremos a su convicción, dado que en estos casos su fantasía, aunque no corresponda a la realidad, es un estímulo útil para la búsqueda.

Invitamos a nuestros lectores a concebir el péndulo como algo con movimiento autónomo, aunque sepamos que éste se mueve por la energía inconsciente del brazo.

En el momento del experimento, la imaginación debe tener campo libre; en el momento siguiente, el de la verificación, invitaremos a dejar a un lado la imaginación para realizar los análisis críticos, pensando que el péndulo es un peso cualquiera colgado de un hilo.

Cuando el corazón y la mente son superados por una realidad única, con el acto, que es su punto de encuentro, el presente resulta, al mismo tiempo, un instante infinitamente pequeño e infinitamente grande, que comprende un futuro aún no existente, pero que está en el mundo de las ideas, y un pasado que ya no está en la realidad física, sino que regresó como recuerdo a construir el mundo de las ideas.

¿Qué es la radiestesia?

Radiestesia es una palabra derivada del latín *radius* (rayo) y del griego *àistesis* (sensibilidad); entonces, el significado literal del término es sensibilidad a las radiaciones.

Esta definición supone que ya se conoce la causa del fenómeno. El término fue acuñado por el abate Bouly, quien afirmaba:

"Vivimos en medio de un océano de radiaciones no percibidas por nosotros: sólo nos queda el ingenio para captar los efluvios invisibles que emanan de cada cosa, constituyéndonos nosotros mismos en los receptores".

Durante el desarrollo del libro usaremos este término tradicional, aunque no estemos convencidos de la exactitud del mismo a la luz de la investigación parapsicológica actual.

Zampa, en su obra *Elementos de radiestesia*, la define así:

"La radiestesia es la ciencia que, mediante la captación de las radiaciones que todo cuerpo y toda sustancia emiten, nos permite descubrir cuerpos y sustancias escondidas, conocer su ubicación, entidad, naturaleza, especie, cualidad e influencia que ejercen los unos sobre los otros".

Esta definición nos revela los límites de la radiestesia, pero tales límites no existen. A continuación hablaremos de radiestesia en un sentido más amplio.

Quienes quieren circunscribir los fenómenos radiestésicos sólo a aquellos en los que pueden suponerse radiaciones, no tienen presente que algunas búsquedas, como las realizadas sobre mapas geográficos, fotos y búsquedas relativas al carácter de la persona, no tienen la característica de la emisión de radiaciones. En este caso, por absurdo que parezca, debe suponerse que el radiestesista se sintoniza psíquicamente para ir al lugar buscado o donde se encuentra la persona y ¡captar las radiaciones!

Generalicemos entonces la definición diciendo que por hecho radiestésico se entienden todos los casos en los cuales una radiación, más o menos análoga a aquellas conocidas en física, alcanza al sujeto desde el objeto buscado y le provoca una reacción muscular u otra reacción fisiológica que no obedece a la voluntad de la parte consciente del operador.

La radiestesia no se considerará como un fenómeno sino como una modalidad de realización de las facultades ESP.

Una objeción a la teoría de las radiaciones es que éstas deberían disminuir de intensidad cuando el radiestesista se aleja de la fuente de esas radiaciones, lo cual, muy a menudo, se desmiente en la práctica: la distancia no influye en el resultado.

La radiestesia no responde siquiera a la conocida ley de la disminución de intensidad según las distancias.

A la luz de lo que anteriormente tratamos de explicar, una definición más actual sería:

"La radiestesia es aquella práctica adivinatoria caracterizada por la intervención de los músculos de la mano o del brazo, independientes de la voluntad de la parte consciente, y se revela a través de un péndulo o una vara rabdomántica, que responde interrogantes formulados consciente o inconscientemente".

En sus orígenes, la rabdomancia nació por una necesidad contingente del ser humano: la búsqueda del agua, elemento esencial para la vida.

¿También los animales poseen este sentido?

Esto puede confirmarse observando a los elefantes, los cuales, en caso de sequía logran encontrar el agua excavando con los colmillos y con las patas. Lo mismo ocurre con las termitas, que para vivir deben hacer crecer ciertos hongos que necesitan agua; éstas, siendo ciegas, excavan túneles hacia las capas acuíferas del subsuelo para irrigar los hongos.

Hablando de animales, se usa un término genérico que dice todo y nada: el instinto. ¿Pero el ser humano se diferencia de los animales? ¿Él mismo no está dotado de instinto? En este caso podemos afirmar que ese instinto se funda en funciones cerebrales.

En todo caso permanece sin solucionar el interrogante: ¿por qué sólo algunas personas parecen haber conservado este instinto?

Digamos de forma más precisa que el instinto está presente en todos, pero que en la mayoría de las personas parece haberse adormecido: es necesario actuar de tal manera que pueda despertarse nuevamente.

Jurion dice que el efecto radiestésico es una pequeña particularidad del proceso de sensibilidad, dado que el radiestesista no es más que una persona capaz de traducir impulsos fisiológicos transmitiéndolos al péndulo. Por esto debe destacarse cómo frecuentemente se tienen procesos de videncia durante las experiencias radiestésicas, asunto que confirma que el fenómeno es de naturaleza psicofisiológica.

El radiestesista no es más que un radiorreceptor que capta las ondas emitidas por el objeto de la búsqueda y que por medio de un proceso psicofisiológico lo amplía hasta volverlo perceptible.

No debe descartarse que él mismo sea un emisor de ondas que retornarían a él, actuando como un radar.

La radiestesia, entonces, es una facultad innata en cualquier persona, y como tal es posible desarrollarla con la práctica.

La vara y el péndulo pueden compararse con la esfera de cristal o las cartas, dado que todos se consideran simples apoyos capaces de hacer emerger en la persona las facultades paranormales.

Retomando a Jurion, éste aconseja a quienes en los primeros intentos no logran obtener resultados apreciables, desistir. Nosotros no pensamos lo mismo, creemos que tal vez con el uso del péndulo, precisamente, sea más factible que a través de otros medios hacer emerger tales facultades en un proceso de identificación y entrenamiento.

Podemos distinguir dos tipos de conocimiento, el conocimiento racional y el conocimiento intuitivo. En radiestesia el conocimiento intuitivo es aquel que en la práctica toma la delantera. Se basa en el inconsciente, personal o colectivo, y todo el ser debe imponer a su inconsciente revelar a sí mismo las respuestas a las preguntas formuladas.

En el campo radiestésico, infortunadamente, se han tenido muchas escuelas, pero el campo queda circunscrito a dos teorías principales: la radiestesia mental y la radiestesia física.

Los de la corriente física explican el proceso con causas puramente físicas (ondas o radiaciones); los mentalistas están más cerca de nuestra concepción.

La radiestesia mental implica necesariamente determinadas características y, por tanto, una actividad del inconsciente relativa a un estado intuitivo profundo.

Considerando los fenómenos relacionados con el descubrimiento de capas acuíferas o con yacimientos de minerales, en cuyo caso las relaciones se deben a variaciones del campo electromagnético, nos formulamos la siguiente pregunta: ¿las ondas actúan sobre el ser humano o el interrogante que se formula la persona actúa como inductor al movimiento del medio?

El profesor Yves Rocard opina que el fenómeno se debe a variaciones del campo electromagnético local generado por filtraciones de agua en movimiento o de masas metálicas, variaciones que serían percibidas por el radiestesista.

Lyall Watson en *Supernatura* dice:

"Nosotros extraemos una imagen selectiva del cosmos a través de un número determinado de estrechas ventanas (los sentidos)... pero, nuestras ideas sobre la arquitectura de la vida son reelaboradas continuamente a causa del descubrimiento de nuevos sentidos en nosotros mismos y de nuevas combinaciones de viejos sentidos que se verifican en otras especies.

El cuerpo entero es un órgano sensorial, y muchas capacidades aparentemente sobrenaturales, con un examen más cuidadoso, resultan variables desarrolladas de una capacidad particular, con el fin de satisfacer las propias necesidades".

El profesor Ogilvy dice:

"El cuerpo humano reacciona a la presencia de capas acuíferas subterráneas y a los yacimientos de minerales".

La vara es el aparato electrobiológico más simple. La fuerza desconocida, que actúa sobre el radiestesista haciendo saltar la vara, no puede aislarse. Algunos estudiosos han demostrado que todo el cuerpo del radiestesista actúa en concomitancia con el movimiento del péndulo, y las reacciones fisiológicas han sido demostradas por el electrocardiograma.

El padre Jurion escribe:

"Si bien no se sabe aún el motivo, parece que los subterráneos, las grutas, todas las irregularidades que se encuentran bajo tierra, sean naturales o excavadas por el individuo, generan, como el agua del subsuelo, campos de fuerza y, por lo tanto, una cierta influencia sobre los organismos vivientes".

Esta afirmación nos remite a conceptos relacionados con lo nocivo de algunas ondas. Sobre la tierra existen zonas en las cuales no hay posibilidades de vida, y en este caso se trataría de fenómenos de hiperionización del aire.

Lafforest confirma lo anterior:

"Todas las radiaciones perniciosas de las cuales hemos hablado pueden ser reveladas y medidas por medio de aparatos sensibles a las microvibraciones y al electromagnetismo.

Se sabe que éstas corresponden a los rayos gamma, de la familia de los rayos Roentgen, llamados anteriormente rayos X, y se ha constatado que su peligrosidad aumenta en razón inversa a la longitud de la onda".

El biólogo Lyall Watson agrega:

"Los rayos gamma atraviesan el espacio con tal energía que pueden penetrar hasta el plomo. Su longitud de onda es tan corta que atraviesa la materia como rayos X superpotentes, tanto que los animales de las más profundas cavernas o de los abismos marinos sienten sus efectos".

Nos hemos alejado de la pregunta inicial, pero este capítulo es simplemente introductorio y, por tanto, retomaremos nuevamente los interrogantes que hemos formulado.

Para concluir, queremos recordar que Ferdinando Cazzamalli, fundador de la Sociedad Científica de Metafísica, en el Congreso Nacional de Rabdomancia realizado en Rimini, Italia, en 1931, dijo que la vara no es una cosa indispensable para expresar facultades rabdománticas; simplemente es un medio que algunos pueden adoptar y otros no, y que al final sólo tiene un valor subjetivo.

La atención se desplaza gradualmente del medio al ser humano. No hay radiestesia sin radiestesista: el individuo tiene el conocimiento universal, sólo debe exteriorizarlo.

Todos los caminos son válidos, todas las metodologías y todas las técnicas pueden conducir al objetivo: conocernos mejor a nosotros mismos, aprender a expresarnos, a realizar al máximo el potencial humano de cada uno.

Amigo lector, te encuentras frente a un gran juego, "el juego de sí mismo": trataremos de suministrarte el medio más simple para hacer que tu diversión sea completa. Trata de aprender y divertirte con nosotros, ¡tal vez te redescubrirás!

Había una vez...

"–No llores Cenicienta, yo soy la Reina de las Hadas y vine a ayudarte.

–¿Ayudarme? ¿Y cómo? –preguntó Cenicienta asombrada.

– Cumpliendo tu más grande deseo –respondió la Reina de la Hadas.

–¿No deseas quizá ir al baile como tus hermanas? Bien, entonces primero que todo dame una calabaza.

Cenicienta obedeció sin proferir palabra, y el hada, *con un golpe de varita mágica*, transformó la calabaza en un espléndido coche de plata. Las seis palomas(…)

Pero Cenicienta se avergonzaba aún de sus pobres vestidos remendados, y la Reina de las Hadas agitó nuevamente *la varita mágica* y … ¡maravilla!".

El de Cenicienta es un cuento que aún hace soñar a muchos niños y puede ser una introducción válida al fascinante mundo de la radiestesia.

La varita mágica que tiene tanto de fantástico porque hace aparecer castillos y brotar arroyos de la nada, transforma animales, cosas y personas, puede efectivamente considerarse como la madre de la vara rabdomántica.

También la mitología, siempre cubierta por el velo de lo fantástico-legendario, abunda en hechos en los cuales no falta *la vara mágica*.

La usaron, Minerva para rejuvenecer y envejecer a Ulises, Circe y Medea para oficiar sus magias, Hércules que sentía correr el agua bajo sus pies, Mercurio para abrir las puertas del infierno, Baco para hacer brotar ríos de vino, y tal vez a todos los habitantes del Olimpo se atribuyó cualquier famosa empresa con la ayuda de la vara.

La Biblia y las Sagradas Escrituras están llenas de alusiones y referencias sobre la vara. Sin extendernos en comentarios, mencionamos algunos pasajes tomados de la Biblia, los cuales, según nuestro parecer, pueden ser los más representativos:

Éxodo 14, 15-16:
"Entonces el Señor dijo a Moisés: ¿Por qué me gritas? Ordena a los hijos de Israel que se muevan, y tú alza tu vara, extiende la mano sobre el mar, divídelo, y que los hijos de Israel entren en medio del mar, sobre lo seco".

Éxodo 17, 5-7:
"Y el Señor dijo a Moisés: Pasa adelante del pueblo y toma contigo a los ancianos de Israel. Toma también en tu mano la vara con la cual golpeaste el Nilo y ve. He aquí que yo estaré delante de ti, allá sobre la roca, en Oreb; tú golpearás la roca, de ésta brotará agua y el pueblo beberá. Y Moisés lo hizo así en presencia de los ancianos de Israel".

Ezequiel 21, 26-27:

"En efecto, el Rey de Babilonia se detuvo en el cruce donde los dos caminos se dividen, para interrogar la suerte: él agitó las flechas, interrogó a sus dioses domésticos y observó el hígado de la víctima. A su derecha está la respuesta: Jerusalén".

Oseas 4, 12:

"Mi pueblo consulta su pedazo de madera y su bastón le da la respuesta, porque un espíritu de idólatra los ha seducido".

Podemos entonces remontar el nacimiento de la radiestesia a la Edad de Piedra, dado que el ser humano comenzó entonces a servirse de aquella técnica adivinatoria que años después fue bautizada radiestesia.

En efecto, en 1861, en algunas grutas de la Dordoña, en Francia, a lo largo del río Vézère, en el pueblo Les Eyzies, perteneciente a la familia de los Cromagnon, se hallaron esqueletos de raza humana del Cuaternario que están entre los más antiguos de los encontrados. Sobre las paredes de estas grutas son visibles algunos petroglifos de origen prehistórico, uno de los cuales representa a un ser humano cubierto con una cabeza de bisonte que empuña un objeto similar a una vara. Tal vez aquel ser, cuya imagen fue tallada sobre la pared de la gruta, era un brujo, y esa vara le servía para los ritos mágico-religiosos que hacen de él un virtual precursor de la radiestesia.

Aparte de lo fascinante de estas hipótesis, no podemos todavía depositar mucha confianza en una imagen cuya interpretación permanece de todas maneras en duda y es demasiado fantasiosa.

Existen documentos ciertos y, por tanto, históricos relacionados con la radiestesia que se remontan a la antigua China. Allí efectivamente se encontró el primer documento escrito sobre los inicios de la radiestesia. Los chinos ya practicaban esta técnica 2.000 años antes de nuestra era y se volvieron verdaderos expertos en todo lo relacionado con las búsquedas en el subsuelo.

Ellos usaban una vara terminada en dos puntas, cuyas extremidades eran sostenidas por dos operadores.

En el *Ciu-King* está escrito que el emperador chino Yu, perteneciente a la dinastía de los Hia, fue célebre por su conocimiento de los yacimientos minerales y de las fuentes; él podía descubrir objetos escondidos y sabía regular los trabajos agrícolas.

Esta información está escrita también en un bajorrelieve que precisamente representa a Yu con la vara.

Aún hoy día, la rabdomancia está muy en boga en la China. Un aspecto interesante es que en este país no se inicia una construcción sin haber consultado preventivamente a un rabdomante, quien deberá declarar que el terreno no está expuesto a radiaciones nocivas.

Lo anterior se relaciona con una antigua leyenda: la del dragón sagrado. Esta afirma que el dragón dormía escondido bajo tierra; entonces, antes de iniciar los trabajos sobre un terreno, era necesario verificar que en aquel sitio no pasaran las venas del dragón, de lo contrario él, herido, desencadenaría desastres.

Aun, detrás de toda leyenda se esconde una realidad: en este caso, el dragón no es otro que la fuerza telúrica y por sus venas corre esta energía.

También en Occidente fue desarrollándose el uso de la vara desde el tiempo de los etruscos y de la antigua Roma; el lituo o vara de adivinación, no era otra cosa que un simple bastón arqueado en la parte de arriba.

Se habla de esto desde Ammiano Marcelino hasta Cicerón; lo cierto es que los romanos aprendieron el arte de la rabdomancia de los etruscos.

La disciplina etrusca, como la llamaron los romanos, tuvo una gran difusión, aunque provenía de un pueblo pequeño que perdió rápidamente toda importancia política.

Esta disciplina la adoptó Roma, la hizo suya, entró a formar parte de sus costumbres y se difundió por todo el imperio.

En este punto nos parece oportuno hacer una pequeña reseña sobre el pueblo etrusco y su doctrina. Para este pueblo, el uso de la vara proviene de tiempos inmemoriales; incluso existía una especie de colegio o escuela de la cual salían iniciados con varios títulos similares a los grados de nuestros días: el *frontac* o iluminador, el *netsvis* o augur, el *trutnvt* o arúspice, el *barinula* o *aquileges* y otros videntes. Dejamos a un lado los otros tipos de iniciación, y nos ocupamos de los barinulas, que son el objeto de nuestra investigación. En efecto, los barinulas eran lo que hoy llamamos rabdomantes, y encontraban el agua y los tesoros escondidos.

Los romanos hacían uso de ellos cada vez que tenían un problema importante por resolver. Por ejemplo, el emperador Juliano los llevó a Persia donde encontraron el agua, y los arúspices, quienes predecían el futuro, predijeron la victoria de los romanos sobre los persas. Por otra parte, Rómulo, según cuentan los historiadores, cuando fundó a Roma, llevó consigo hasta la colina un barinula etrusco y éste, con su vara en la mano, trazó un surco y determinó la mejor zona para edificar la ciudad.

En Roma, la referencia más antigua que tenemos sobre el péndulo —que junto a la vara es el instrumento que sirve a los radiestesistas en sus búsquedas— nos la brinda Ammiano Marcelino, en un proceso contra personas imputadas por prácticas de magia.

La imputación consistía en la acusación de haber querido conocer el nombre del sucesor del emperador Flavio Valente.

A través de la boca de Ilario, uno de los imputados, Ammiano Marcelino nos narra el procedimiento usado por estas personas que habían conspirado contra el emperador y querían saber el nombre de su sucesor.

La práctica mágica consistía en hacer saltar de una letra a otra del alfabeto, grabado sobre un plato, un anillo atravesado por un hilo muy delgado, suspendido en un baldaquín. Este anillo se detenía sobre las letras y componía las palabras y, poco a poco, las frases en respuesta a las preguntas formuladas.

Flavio Valente, una vez descubierta la conspiración, quiso probarlo también él. El péndulo formó la palabra *Theo*; y no obstante haber condenado a muerte a todos los ciudadanos cuyo nombre iniciaba con aquella sílaba, la historia siguió su curso: el sucesor de Valente fue Teodosio.

Pero leamos el texto de Ammiano Marcelino:

"Conducidos entonces a juicio Patricio e Ilario, y habiéndoles ordenado repetir en orden los hechos, fueron azotados en los costados por haberse contradicho en la primera parte de la historia. Al final, cuando fue traído el trípode del cual se habían servido, fueron obligados a narrar fielmente todas las cosas desde el inicio; así habló Ilario en primer lugar:

'Con presagios adversos, ilustres jueces, nosotros construimos con ramas de laurel, a semejanza de la cortina délfica, el infausto trípode que aquí ven y nos servimos de él después de haberlo consagrado, según el rito, con conjuros secretos y largas fórmulas mágicas.

Siempre que queríamos investigar sobre cosas ocultas, el modo de utilizarlo era el siguiente: colocábamos el trípode en el centro de una habitación purificada con perfumes árabes, y encima poníamos un plato redondo y compuesto por varios metales: sobre el borde extremo de la palangana se habían tallado hábilmente las veinticuatro letras del alfabeto, a distancia atentamente medida.

Uno de nosotros, vestido de lino, con calzado de lino puro y una venda alrededor de la cabeza, sostenía el follaje de buen augurio e invocaba, según las fórmulas, las divinidades que presiden el conocimiento del futuro. Conforme con el rito, uno se ubicaba como sacerdote sobre el trípode, liberando un anillo que se encontraba suspendido de un hilo muy fino y que era consagrado según las disciplinas místicas. Y al caer este anillo y dar saltos sobre aquellos distintos espacios donde se señalaban las letras, se formaban hexámetros que respondían perfectamente a las preguntas formuladas; perfectos por ritmo y armonía, como los pronunciados por el oráculo pítico o de los branquiópodos.

Entonces, cuando preguntamos sobre quién sucedería al presente emperador, dado que se decía que sería un hombre perfecto, desde todo punto de vista, el anillo saltó sobre las letras y salieron las letras: θεο, a lo que uno de los presentes, agregando la letra sucesiva, exclamó que por respuesta de la consulta se anunciaba a Teodoro.

No interrogamos más la suerte, dado que nos parecía claro que él fuera precisamente el hombre que se deseaba'.

Expuesta cada cosa frente a los ojos de los jueces, Ilario agregó benévolamente que Teodoro desconocía todo.

Interrogados después, si con su arte adivinatoria habían previsto los males que ahora los oprimían, recitaron aquellos conocidos versos que presagiaban como causa de muerte aquella curiosidad suya de escrutar el futuro; es más, el príncipe y sus acusadores, también perseguidos por la furia, agónicos veían incendios y estragos.

Recordaremos los últimos tres versos:

> *Impune no será tu sangre:*
> *que a ellos Tisifone apresta muerte*
> *en el plan de Mimante en áspera guerra.*

Leídos estos versos, se los llevaron, y fueron lacerados por los garfios del verdugo".

Frontino, otro escritor latino, nos narra sobre Agripa, quien gracias a una jovencita rabdomante encontró en el Agro Pontino el agua para mandar a Roma; ésta fue llamada Agua Virgen en homenaje a la joven rabdomante.

Cicerón, en cambio, se burlaba de las adivinaciones en general. En el primer libro del *De Officiis*, disertando sobre la manera de procurarse la victoria y las cosas que sirven en la vida diaria, decía que si por medio de la vara adivinatoria pudiera encontrarse todo aquello que necesitamos, podríamos dedicarnos sólo al estudio.

También fuera de Roma se usaba la vara y se hablaba mucho de ésta como en Herodoto, a propósito de los escitas, y en Cornelio Tácito, a propósito de los germanos.

Más tarde, con la llegada del medioevo, ya casi no se oye hablar de los péndulos o varas. Se encuentran algunas narraciones de Eginardo, contemporáneo de Carlo Magno, sobre los sajones que practicaban sortilegios con varas cortadas de los árboles, y en Cassidoro que, a nombre del rey Teodorico, recomienda los aquileges, muy instruidos en el conocimiento de la existencia y la profundidad del agua.

Nos encontramos en pleno medioevo, la época del oscurantismo, en la que se considera la rabdomancia como una práctica diabólica y aquellos que la practicaban unos brujos y, como tales, condenados a suplicios atroces o a la pena capital. Sin embargo, puede afirmarse que estos brujos se buscaban tales penas, dado que amaban tener un cierto protagonismo, haciendo sus ritos imprudentemente complicados y tenebrosos, llamando la atención de los inquisidores. Por ejemplo, operando la inocua vara rabdomántica, pronunciaban invocaciones que hacían poner la piel de gallina a sus espectadores.

Sabemos que en el medioevo se creía próximo el fin del mundo; por tanto, el ser humano atemorizado y cerrado en sí mismo, no podía pensar ni indagar sobre los misterios de la naturaleza. En consecuencia, tanto las autoridades religiosas, preocupadas por el hecho que pudiera difundirse la herejía y el ateísmo, como el pueblo, que en verdad no podía creer en las manifestaciones espontáneas de la naturaleza, atribuían a Satanás y a sus agentes terrenos, los brujos, toda manifestación inexplicable. Mientras tanto, el tiempo pasó y llegamos al siglo XV.

Después del largo invierno medieval, llega una nueva primavera. Todo se despierta y el individuo reencuentra el interés por la cultura y, también, por las ciencias mágicas. Se desempolvan y se traen a la luz los péndulos y varas, y se tratan de estudiar los motivos de su movimiento.

El primer escritor de este nuevo periodo es el padre Basilio Valentino. En sus escritos, él enseña a usar la vara y sugiere las técnicas para descubrir los metales. En Italia, el padre Bernardino Cesi y el padre Kircher defenderán a los padres Barat y Eliseo, llevados como reos e incomunicados por haber practicado con el péndulo, instrumento infernal según se decía, oficios demoniacos.

La radiestesia aún continúa difundiéndose y es, de alguna manera, reconocida oficialmente, pues los péndulos y varas también son usados por tutores de las órdenes religiosas para sus búsquedas e investigaciones, como nos cuenta el abate de Vallemont.

Con los esposos Belsole, conocidos por sus célebres búsquedas, llegamos al pleno siglo XVII. Debemos detenernos en un personaje, Giacomo Aimar, protagonista de episodios famosos; él fue el primero en dar un nuevo uso y consideración diversa a la vara rabdomántica.

Como se anotó en las páginas anteriores, desde los tiempos más remotos, la vara siempre se utilizó para descubrir fuentes, yacimientos minerales, tesoros u objetos escondidos. Aimar demostró que la vara podía utilizarse no sólo con fenómenos físicos, sino también para eventos relacionados con el mundo humano.

Por lo tanto, consideramos oportuno presentar una breve historia de sus búsquedas.

Aimar, campesino de San Verain, impulsado por el movimiento de su vara mientras excavaba buscando un pozo de agua, encontró el cadáver de una mujer destrozada, reconocida como una paisana suya desaparecida desde hacía tiempo y de la cual no se habían tenido noticias. Pensó que, si su vara le había hecho encontrar el cadáver, le podría ayudar también en la búsqueda del asesino. Entonces experimentó con la vara sobre amigos y familiares de la mujer, descubriendo que el asesino era el marido de la víctima, como después confesó el mismo hombre.

Al comprobarse que la vara podía utilizarse para búsquedas no sólo geológicas sino también humanas, filósofos y teólogos iniciaron largas discusiones para establecer si el fenómeno era o no lícito, posible o no. Lebrum, quien se interesó mucho en el problema, pidió ayuda al célebre Melebranche, autor del tratado *De la búsqueda de la verdad*; pero este último respondió que se trataba de una obra diabólica.

El siglo se cierra con el libro *Psique oculta*, del abate de Vallemont, en el cual realiza una abierta defensa de los rabdomantes, suscitando, en un primer momento, grandes polémicas. Después de la primera impresión, se hicieron otras dos ediciones.

También es de este siglo un jarrón alemán, "el jarrón montano de Clausthal". En su tapa una escena representa a cuatro mineros en diversas fases de su trabajo y en el centro hay un rabdomante con su instrumento.

A comienzos del siglo XVIII se acuña una medalla que representa a Cupido quien empuña una vara de dos puntas, realizada con ocasión de las nupcias entre Federico Augusto de Sajonia, príncipe elector, y la princesa Josefina de Austria. La vara continúa utilizándose, aún con las persistentes críticas al libro de Vallemont. En este siglo, muchos escriben contra la rabdomancia.

Pero aparece otro nombre, Bleton, considerado el sucesor de Aimar. Si la postura de Aimar fue objeto de discusiones filosóficas y teológicas, la de Bleton sacudió al mundo humanista y científico. Su nombre se relaciona con el del doctor Thouvenel, estudioso de la materia que nos ocupa, y quien llevó a cabo numerosos experimentos con la ayuda de Bleton.

Bleton, campesino de Delfinado, Francia, fue célebre a los escasos siete años, cuando sentado sobre una piedra, sintió escalofrío. Se alejó de la piedra y el escalofrío desapareció. Acercándose nuevamente a la piedra, volvía a sentir el temblor. Movió la piedra, empezó a excavar y encontró una importante fuente de agua.

Junto al doctor Thouvenel, Bleton actuó frente a Franklin, Lavoisier y otros médicos y profesores. Thouvenel, encargado por el gobierno francés para la búsqueda de aguas minerales, trazó con Bleton el mapa de mineralogía subterránea de Francia.

Vale la pena mencionar que Bleton no usaba la vara para sus experimentos, dado que este instrumento se disparaba por el aire cuando lo usaba en un lugar donde podía haber agua. El instrumento era su propio cuerpo.

En proximidad al agua, él era presa de malestares, como síntomas de sofocamiento, escalofríos, temblores nerviosos y agitación, los cuales eran más o menos acentuados según la profundidad del agua.

Los fenómenos que experimentaba desaparecían apenas se alejaba del punto de agua, para reaparecer cuando se acercaba nuevamente.

A la muerte de Bleton, Thouvenel, quien se trasladó a Italia, continuó sus estudios con otros dos rabdomantes: Pennet y Anfossi. Sus experimentos siempre fueron monitoreados con severos controles por Spallanzani, Fortis y Amoretti, quienes no lo desmintieron nunca.

Con el abate Carlo Amoretti, prefecto de la Ambrosiana de Milán y personaje muy reconocido de este período, llegamos al siglo XIX: 1800.

Amoretti, además de estudiar y practicar la rabdomancia, también hizo historia al llegar a la conclusión de que sólo algunas sustancias tienen la propiedad de hacer mover los instrumentos rabdománticos, sustancias que él llamó electromotrices, dándole así a la rabdomancia un nuevo nombre: electrometría que, como veremos, en el siglo XX se cambiará a radiestesia.

No debemos olvidar que estamos en la época de la electricidad. Volta, con sus experimentos sobre la rana, había orientado a los estudiosos de nuestra materia hacia la teoría que admitía el movimiento muscular bajo la acción de la electricidad, llevando a la división de las sustancias electromotrices en positivas y negativas.

Nos damos cuenta de que hasta ahora, excepto algún pequeño indicio, no nos hemos ocupado aún del péndulo, sino sólo de la vara.

¿Tal vez el péndulo es un instrumento inventado en nuestro siglo? No, en realidad, en 1600, el padre S'Chott se refiere al *péndulo explorador*, del cual habla en su libro *Phisica curiosa*, describiendo el uso que se hacía del mismo para conocer las horas del día.

Gerboin, un profesor de Estrasburgo, nos cuenta en sus memorias cómo descubrió el péndulo. Una tarde, con la intención de procurar un nuevo juego al hijo de un querido amigo suyo, puso en la mano del niño una esfera de madera amarrada a un hilo, ordenándole tener el brazo inmóvil. Pudo observar que la esfera después de algunos minutos empezaba a moverse, primero irregularmente y después describiendo círculos regulares, cuyo diámetro se agrandaba en cada giro. Inspirado en esto, que comenzó siendo sólo un juego inocente para tener calmado al pequeño amigo, inició un largo estudio usando una esfera amarrada a un hilo de cáñamo. El resultado fue una complicada teoría sobre una fuerza particular que cada ser humano posee.

A Gerboin lo siguieron Fortis, quien usó como péndulo un cubo de pirita de hierro suspendido de un hilo, y Ritter, quien repitió las mismas experiencias de Fortis, dejándonos su opinión personal: la vara no es otra cosa que un péndulo doble, el cual, por estar en movimiento, no necesita una fuerza mayor para producir determinados efectos.

El péndulo es más fácil de manejar que la vara. En efecto, es el instrumento que aun hoy día usan nuestros radiestésicos, habiendo suplantado casi del todo a la vara.

Otro que se ocupó del péndulo usado por Fortis fue Chevreul, quien, mediante una carta dirigida a Ampère, publicó sus experiencias y presentó una teoría personal dándole mérito a éste.

Él, habiendo verificado que el péndulo sostenido en las manos de un sujeto vendado oscilaba muy lentamente, concluyó que el ojo ayuda a los movimientos musculares, aun de manera inconsciente. Planteó el ejemplo de una persona que mientras lanza al aire un objeto, empuja hacia adelante su propio cuerpo, como si quisiera acompañar al objeto lanzado en su trayectoria.

También debe mencionarse al abate Glutz, quien llamó a la radiestesia *siderismo*, confirmando que sentía, como se había verificado anteriormente con Pennet, el agua o los objetos escondidos sólo si éstos se encontraban bajo la vertical, a 45 grados o en el horizonte. Esto coincide con los estudios modernos sobre las radiaciones.

El conde Tristano aportó importantes modificaciones, tanto a los instrumentos como al léxico radiestésico: entonces la horquilla será la vara, el nigromante será el radiestesista y el lugar hacia el cual la horquilla se mueve será el excitador, porque según Tristano, dicho lugar emite fluidos, en tanto los fenómenos radiestésicos están ligados a componentes eléctricos.

Con Morogues cerramos el siglo XIX. A él y sus inspiradores se debe la investigación de las leyes que determinan el movimiento del péndulo.

Pasamos la página y llegamos al siglo XX. Estamos en los albores de 1900, cuando se oye hablar del abate Carrié y de Grisez, a quien se debe el descubrimiento de los yacimientos de potasio en Alsacia.

Con la Primera Guerra Mundial (1914-1918), otro nombre aparece en nuestra historia: el abate Bouly, quien prestó grandes servicios en el frente.

La radiestesia, gracias a la aparición de revistas, a la fundación de asociaciones, a la organización de congresos nacionales y mundiales y a la publicación de numerosas obras al respecto, se extendió en todo el mundo y no se dedicó sólo a la búsqueda del subsuelo, sino que tuvo aplicaciones en todos los campos. En este período aparecen los primeros grandes personajes de los que la radiestesia se precia: el abate Bouly, padre de la radiestesia porque a él se debe este nuevo vocablo, Henry de France y Giuseppe Treyve.

No nos detendremos a contar la vida, obra y milagros de estos hombres, pero nos referiremos al gran abate Alexis Mermet, príncipe de los radiestesistas.

De Mermet, nacido en 1866 en una familia de campesinos de un burgo de la Alta Saboya, puede decirse que se acercó a la rabdomancia cuando estaba en pañales, pues tanto su abuelo como su padre fueron grandes rabdomantes.

El pequeño Alexis seguía con interés cada experimento que su padre realizaba, famoso en toda la provincia por sus cualidades. Muy rápido aprendió a usar la vara y el péndulo. A medida que los años pasaban, Alexis sentía dentro de sí mismo, siempre de manera más fuerte, la vocación al sacerdocio. Entonces, contra la voluntad de su padre, ingresó en el seminario, ordenándose como sacerdote a los veinticuatro años. Su carrera religiosa lo llevó a San Jean de Tholone, en Friburgo (donde fundó una parroquia), a Lausana y a Ginebra.

Su vida fue muy agitada y llena de diversos intereses. Su actividad de estudioso e investigador se alternaba con la de sacerdote. Incluso, por sus dotes de radiestesista, pudo realizar innumerables obras de bien. Durante 43 años estudió y experimentó sin pausa.

En sus investigaciones y en la obra de divulgación de la técnica radiestésica fue acertado, hábil e infatigable.

Realizó numerosos viajes y a donde fue logró interesar a eminentes personalidades con sus palabras y obras.

Escribió libros en los cuales, además de narrar sus experiencias, dictó las reglas para una radiestesia liberada del empirismo, que la caracterizaba en aquella época.

Murió en 1937 y, aún hoy, su tumba en el cementerio de Jussy, Ginebra, es un lugar sagrado para los radiestesistas de todo el mundo.

Debemos reconocer que Mermet ha sido un maestro y guía insuperable y le debemos que el arte misterioso de la radiestesia continúe fascinando e interesando no sólo a la ciencia oficial y a los iniciados en la radiestesia sino a todo el mundo.

Radiestesia física y radiestesia mental

Hemos mencionado cómo existen teorías que sirven de soporte para profundizar en torno a los fenómenos y las condiciones para desarrollar la radiestesia.

No obstante, las teorías evolucionan y siguen, paso a paso, la dinámica de las ciencias. Precisamente por eso, ninguna teoría es definitiva, pero conforman una hipótesis de trabajo.

Quisimos subrayar esta situación para afirmar que estamos convencidos de que ninguna teoría explica definitivamente el fenómeno de la radiestesia.

Aparte de las teorías espirituales, es decir, las que presuponen como agente principal de este fenómeno al espíritu, en su acepción más amplia, como reflejo del espíritu motor de todo, Dios, y que dejamos a quienes las sostienen, las principales escuelas teóricas son la escuela física y la mental.

A continuación analizaremos las escuelas mencionadas, en su dinámica y evolución.

La teoría física supone que las radiaciones se liberan de los cuerpos y que tales radiaciones influyen en el radiestesista.

Según otros teóricos, las radiaciones actuarían directamente sobre el péndulo.

La teoría mental supone una percepción extrafísica, mediada únicamente por el inconsciente del operador, independientemente de la conformación del cuerpo.

Ambas teorías han tenido y tienen numerosos seguidores, pues en ambos casos los operadores alcanzan resultados notables.

Cada teoría adopta diversos modos de actuar desde el punto de vista técnico.

Obviamente, la pregunta que nos formulamos es: si usando técnicas diversas se obtienen los mismos resultados, ¿cuál de las dos teorías es la válida? Destacaremos que en ambas técnicas existe un elemento humano y que el individuo necesita un impulso teórico para trabajar.

Cuando el operador está convencido de poseer la mejor técnica y la más adecuada para él, entonces es capaz de actuar y obtener resultados. Tanto la técnica de la corriente física como la de la mentalista funcionan; entonces, lo importante es tener seguridad de su propia convicción.

El abanderado de la teoría física fue el ingeniero Louis Turenne, y el aspecto principal de su teoría es que en la naturaleza todos los cuerpos emiten radiaciones.

La primera hipótesis, para explicar las causas de los movimientos de la vara, se formuló observando las acciones recíprocas del imán y de un solenoide recorrido por una corriente eléctrica. Entre los dos cuerpos se verifica un extraño fenómeno llamado de inducción; en efecto, cuando el solenoide corta la línea de fuerza radiante del campo magnético, el fenómeno de inducción varía la intensidad de la corriente que pasa por la bobina, y éste es atraído o rechazado por el imán.

Según Turenne, la ley que regula el fenómeno rabdomántico es: el ser humano es un acumulador de magnetismo terrestre a través de los músculos y el sistema simpático, el cual realiza la tarea de distribuir en el cuerpo el equilibrio magnético.

Cuando el rabdomante recorre el terreno con la vara entre las manos, se produce una descarga que determina una corriente. El campo magnético terrestre, con su acción de inducción sobre la vara así alterada, le provoca al operador un movimiento totalmente independiente de su voluntad.

Encontramos de nuevo esta hipótesis en los estudios realizados posteriormente por Lakhowsky y la cual fue ampliamente difundida en su trabajo *El secreto de la vida. Rayos cósmicos y radiación del ser humano*.

El fenómeno radiestésico se debe a la resonancia e inducción entre los objetos buscados y las células del cuerpo del individuo. Cada vez que el radiestesista se dispone a efectuar una exploración, por ejemplo, sobre una roca de mineral de hierro, en aquel momento todos los átomos de hierro presentes en su organismo vibran intensamente por un fenómeno de resonancia y de simpatía. Entonces, el choque de resonancia actúa sobre las oscilaciones celulares de todo el organismo del radiestesista, y tales oscilaciones generan el reflejo mecánico e inconsciente que provoca el movimiento de la vara o del péndulo. Sin embargo, este movimiento será diverso según la naturaleza del mineral encontrado.

Turenne se dio cuenta de que el circuito oscilante formado por las manos del rabdomante podía sintonizarse con las diversas longitudes de onda, permitiendo así la selección y búsqueda separada de diversos elementos.

Ésta es la explicación que da al testigo, que Turenne define como cualquier objeto que, ubicado en un cierto punto de la onda magnética o en manos del operador, genera una onda pendular propia, permitiendo así la inducción magnética sobre todas las ondas similares.

Este estudioso también observó que todos los cuerpos, a semejanza de la esfera terrestre, poseen dos polos: un polo norte (punto de polaridad positiva) y un polo sur (punto de polaridad negativa); el ecuador del objeto representa el punto límite, de polaridad neutra.

Con base en lo anterior, destacó que entre dos cuerpos se ejerce un proceso de atracción del uno hacia el otro con una fuerza proporcional a su masa. La condición necesaria para que esto suceda es que los cuerpos sean similares y se encuentren en la misma posición respecto a los ejes terrestres.

Turenne formuló, con base en esta observación, la ley de los semejantes:

"Los cuerpos semejantes geométricamente y que se encuentran en la misma posición del magnetismo terrestre, representado por la línea electromagnética de los dos polos, se unen en un plano que pasa por su ecuador".

Todos los cuerpos se dividen en cuerpos positivos y negativos, según las radiaciones positivas o negativas. Estas radiaciones son unidireccionales, tomando en cuenta que siguen la dirección fundamental Norte – Sur, o viceversa. Éstas tienen un aspecto diverso para cada cuerpo, y variables que dependen de las transformaciones que el cuerpo sufre por efecto de cualquier influencia de orden físico.

Turenne elaboró esta teoría apoyado en sus observaciones y pasó a examinar todos los elementos, los colores, y así sucesivamente, determinando para cada uno de ellos la onda pendular característica, analizando la configuración particular de tal onda y estableciendo, incluso, la medida.

Mermet codificó todo lo mencionado en su trabajo y posteriormente puso límites a la figura del radiestesista: el método de control para definir si un individuo puede ser radiestesista está dado por la radiación de su sistema nervioso; si el valor de esta radiación es inferior a 18, el individuo no es dotado y no puede ejercer.

Hemos examinado a grandes rasgos la teoría física. Pasemos ahora a la mental, llamada también de orientación mental.

Los teóricos de esta escuela fueron Emil Cristophe y Antonio Luzy.

Luzy, en su trabajo *La radiestesia moderna*, lanzó la hipótesis de que la acción mental depende en su totalidad del inconsciente y que responde a los estímulos de la voluntad. La búsqueda radiestésica se reduce a una forma de conocimiento intuitivo que hace surgir en la mente del operador, de modo directo, las respuestas a la pregunta formulada.

El deseo de encontrar el objeto se traduce en una expresión de autosugestión capaz de despertar la actividad mental, estimulando las facultades de percepción y de selección.

Luzy admite una relación entre el objeto y el operador, pero no de naturaleza material; es una relación que proviene del operador, se origina en las radiaciones del pensamiento y no admite límites temporales ni espaciales.

El problema de la conciencia intuitiva se funda en las relaciones del individuo con el propio inconsciente y con el inconsciente colectivo.

Las condiciones esenciales para efectuar la experimentación residen en las características sicológicas del operador, respecto al proceso físico de los movimientos inconscientes del brazo, que actúan sobre la vara o sobre el péndulo.

El movimiento del péndulo puede originarse por diversas causas. Una primera causa consiste en un efecto físico externo en relación con las variaciones del campo eléctrico terrestre o con fenómenos de radiactividad.

Una segunda causa consiste en la actividad inconsciente del operador, que puede desarrollarse con la fuerza de un razonamiento lógico, bajo la influencia telepática o, en últimas, con base en las exigencias del propio inconsciente. Hemos dejado los conceptos de radiaciones, de polaridad y de rayos para pasar a un concepto sistemático pero no estandarizado.

La radiestesia mental se basa esencialmente en el método de la pregunta y la respuesta. El operador hace mentalmente preguntas a las cuales el péndulo responderá con los movimientos preestablecidos indicando la afirmación o la negación.

La mayor dificultad consiste en lograr la abstracción de las cosas y los pensamientos que circundan al operador y obtener la concentración sobre el objeto de la búsqueda.

Confrontemos ahora las modalidades de la práctica radiestésica en los dos sistemas.

La radiestesia física presupone:
- Una radiación de la materia.
- Un factor material.
- La búsqueda sobre el lugar.
- Una orientación mental como principio.
- Un fenómeno de inducción.

La radiestesia mental presupone:
- Una actividad del pensamiento.
- El factor humano es predominante.
- Desarrollar la experiencia aunque no sea en el lugar.
- Una orientación mental activa.
- Un fenómeno de intuición provocado.

Obviamente, las diferencias mencionadas se reflejan en la práctica, y son las siguientes.

Radiestesia física:
- Se regula la longitud del hilo del péndulo.
- El movimiento es producto de radiaciones físicas.
- El operador debe poseer una constitución nerviosa particular.
- El razonamiento es científico.
- El operador trabaja sobre factores reales, sin que la imaginación incida en el proceso.
- El operador parte de un principio de análisis.
- La facultad predominante es la inteligencia.

Radiestesia mental:
- No es indispensable la regulación del hilo del péndulo.
- El movimiento es provocado por movimientos musculares imperceptibles.
- El operador aboca el proceso mediante la intuición.
- El razonamiento es de naturaleza analógica.
- La mente opera y vaga en lo abstracto.
- El operador se basa en un principio de síntesis.
- Implica una facultad física innata que tiende a desarrollarse con el ejercicio.

Hemos considerado oportuno esquematizar de manera simple los contenidos teóricos y prácticos de las dos escuelas para que el lector pueda realizar una comparación.

Los instrumentos

Los instrumentos del radiestesista son amplificadores de reflejos neuromusculares y se caracterizan por su sencillez.

Precisamente por su simplicidad cualquier persona puede fabricar uno en casa: la vara en ele.

Tomen un pedazo de hierro y dóblenlo en forma de ele, con un brazo corto y el otro más largo. El brazo más corto rueda sobre su propio eje en el puño cerrado y sin apretar, mientras el otro se desplaza horizontalmente (figura 1).

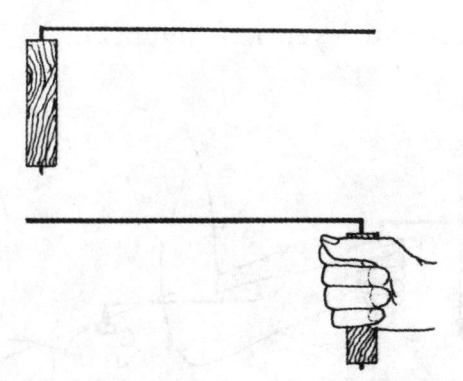

Fig. 1

Debe elaborarse una empuñadura, de madera o tela, que se ajusta en el brazo más corto.

La longitud óptima es de cerca de quince centímetros para la empuñadura, y de treinta y cinco centímetros para la parte que queda horizontal.

La vara no es otra cosa que una prolongación del brazo.

La manera de manejar este instrumento es muy simple. Empiecen a caminar lentamente sobre un terreno teniendo en cada mano una de estas varas rudimentarias que se han construido. La posición justa es tener los antebrazos junto al cuerpo, a los lados y las dos varas paralelas y distantes entre ellas cerca de treinta centímetros.

Las primeras pruebas que deben hacerse tienen que ver con la influencia del pensamiento consciente sobre su movimiento: empiecen pensando que las varas no son otra cosa que sus brazos y como tales pueden ser comandadas por su pensamiento. Relájense y piensen que éstas pueden moverse sin dificultad.

Comiencen a hacer mover una de las dos varas de manera horizontal y la otra de forma vertical; después de algunos minutos de ejercicio verán cómo las varas obedecerán a los estímulos que su cerebro les enviará (figura 2).

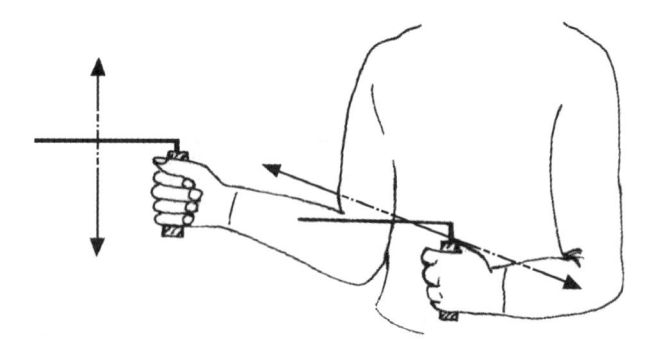

Fig. 2

Ahora pasen a otro ejercicio, formulen preguntas cuya respuesta sea obvia, como "¿soy un hombre?", "¿soy una mujer?" y comparen las respuestas. Suponiendo que las varas deberán cruzarse para decir "sí" y abrirse para decir "no", la inferencia sobre la respuesta exacta se hace rápidamente.

Si es un hombre y la pregunta formulada es "¿soy un hombre?", las varas se cruzarán dócilmente y viceversa, se abrirán, si se formula la otra pregunta (figuras 2a y 2b).

Podrán pasar ahora a experiencias más complejas. Impónganse mentalmente la tarea: debo encontrar agua. Si se encuentran frente a corrientes acuíferas, la vara deberá responder como si la respuesta fuera afirmativa, y entonces las dos astas deberán cruzarse. Es un hecho que siempre deriva de una pregunta mental formulada previamente: "¿Hay agua?".

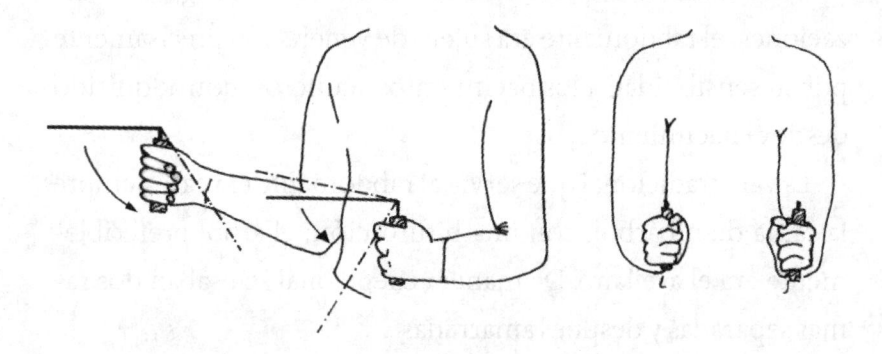

Fig. 2a

Podrán confirmar fácilmente la experiencia pasando por lugares donde ya saben que existen tubos con agua corriente o cerca de nacimientos y fuentes. Este sistema se usa para sensibilizar al sujeto frente a las fuentes de agua.

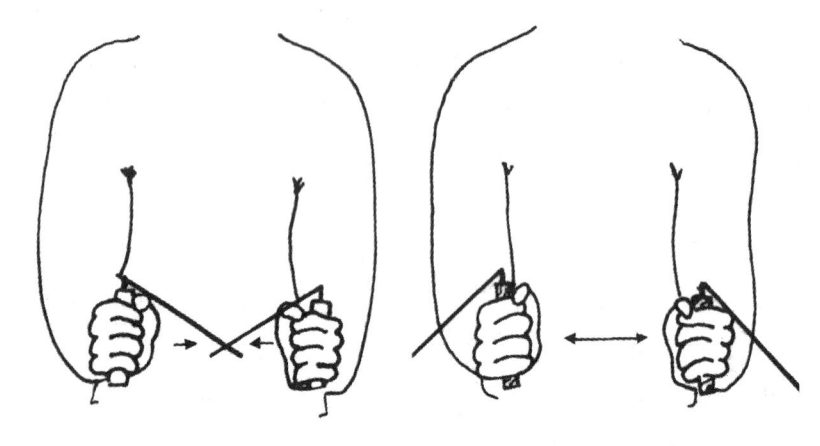

Fig. 2b

En Inglaterra, la vara en ele es muy utilizada y debe destacarse que ésta ha dado resultados notables con radiestesistas de primer orden.

Continuamos examinando las varas. En las antiguas civilizaciones, el rabdomante era sujeto de veneración precisamente por su sensibilidad a los nacimientos acuíferos, don adquirido desde el nacimiento.

La vara tradicional que servía al rabdomante era casi siempre la rama de un árbol, con una bifurcación; el árbol preferiblemente era el avellano. De manera exepcional se usaban dos ramas separadas y después amarradas.

La tradición hermética aconsejaba que en la preparación de la vara se tuviera en cuenta la hora, la influencia astral y la preferencia de la madera por parte del rabdomante.

Vallemont cita el horóscopo del padre benedictino Basilio Valentino, alquimista del siglo XVI, al cual debemos, entre otras, el descubrimiento del ácido muriático. En ese horóscopo se presentan las condiciones favorables para cortar la vara. Vallemont se sorprende de cómo algunos encuentran poco sabia esta usanza basada en antiguas observaciones hechas por los ancestros y fruto de muchas experiencias.

Dejemos estas cosas en el pasado y pensemos en el presente, constatando que en el mundo actual hay poco espacio para el hermetismo y los procedimientos alquímicos. Hablemos con sentido práctico.

Corten una vara de un árbol joven; las ramas deben tener cerca de treinta y cinco centímetros y su vértice debe sobresalir en cuatro o cinco centímetros (figura 3).

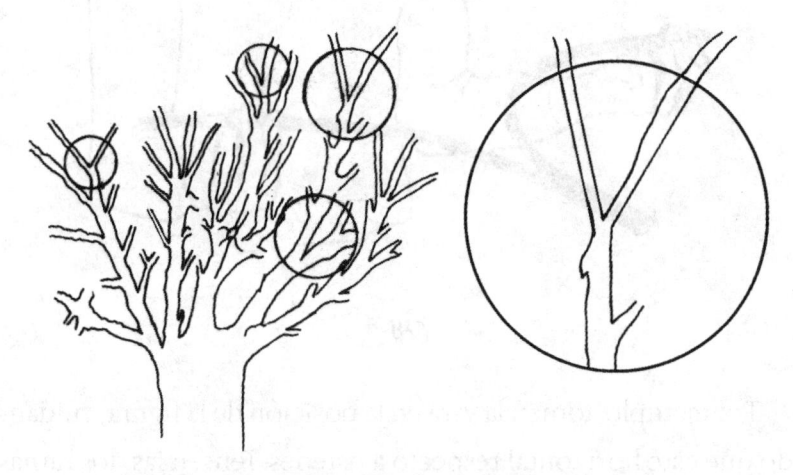

Fig. 3

Corten la vara con cuidado para no dañar el árbol. Eliminen cualquier imperfección que se encuentre y finalmente la vara estará lista para su uso.

Las varas pueden hacerse también de metal u otro material. Conocemos radiestesistas que usan varas hechas de barbas de ballena, las cuales parece que son muy sensibles.

La vara se empuña de la siguiente manera: con los dedos, tomen las dos ramas de manera que exista un equilibrio inestable, pues la fuerza de las dos manos hará que la vara se mantenga horizontal. En presencia de fuentes de agua, verán cómo la vara tendrá movimientos inusitados y el extremo tenderá hacia abajo (figura 4).

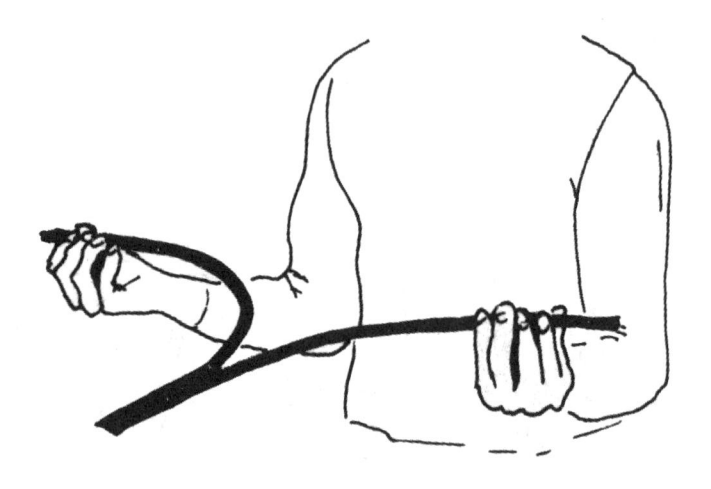

Fig. 4

Por ejemplo, tomen la vara en la posición de la figura, cuidando que esté horizontal respecto a ustedes. Tensen las dos ramas de la vara y mantengan en tensión el instrumento. La reacción puede ser de dos tipos: el vertice tenderá a subir o a bajar.

En la práctica, la única cosa a la cual deberán poner atención es a la variación de tensión del instrumento.

La posición óptima es aquella en que la vara revelará inmediatamente un cambio de tensión, y la condición esencial es el relajamiento de la persona.

El péndulo

Creemos que llegó el momento de hablar del péndulo, tema principal de nuestro tratado. Comencemos diciendo que un péndulo puede definirse como cualquier peso pequeño que esté conectado a la mano, mediante un hilo o una cadena.

Hemos dicho peso pequeño, dado que consideramos que el material usado no debe ser necesariamente metal o madera, pues cualquier objeto puede ser usado como peso, incluso una pelota de papel.

La elección del material depende de la simpatía del operador, y por tal motivo la elección tiene un valor puramente subjetivo, no objetivo, como se lee a menudo en los textos clásicos sobre la materia.

Hemos leído sobre péndulos con testigos, péndulos huecos, péndulos de hierro, péndulos de capas y muchos otros tipos de péndulo, pero repetimos que, en la práctica, lo esencial es que el péndulo adopte su movimiento característico o, desde el punto de vista netamente físico, que el medio pase de un estado de inercia a un estado de movimiento.

El péndulo debe ser simétrico respecto a su eje vertical, y el hilo que sostiene el peso no debe ser demasiado largo. En cuanto al peso, preferiblemente que no sea excesivo, teniendo presente que cuanto más pesa el medio, más dificultad se tendrá en regular la longitud del hilo (figuras 5 y 6).

Construirse un péndulo es muy simple, bastan materiales comunes: un hilo y un pequeño peso de cualquier material.

Fig. 5

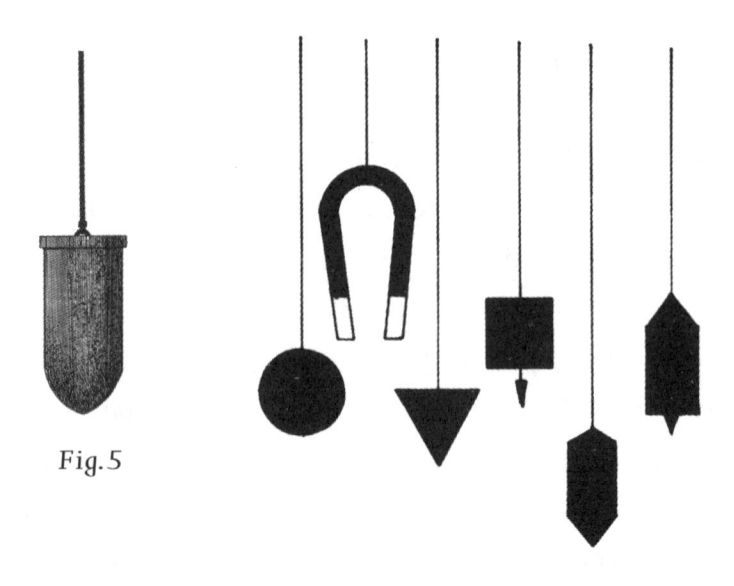

Fig. 6

La posición correcta para el uso del péndulo es la siguiente:

Tomen el hilo entre los dedos pulgar e índice y dejen colgar el objeto. Después hagan girar el hilo poco a poco, hasta que obtenga la máxima oscilación (figura 7).

Fig. 7

El péndulo también podrá sostenerse de otra manera. Por ejemplo, con el hilo entre el pulgar y el índice y envuelto sobre el mismo índice. Pero para nosotros, la condición esencial es encontrar la longitud justa del tramo del hilo comprendido entre la mano y el peso.

Las recomendaciones técnicas que deben seguirse son las siguientes:

1. El peso del objeto: esta característica se relaciona directamente con los hechos prácticos; por ejemplo, si la radiestesia se practica de pie y no sentado, el peso del péndulo deberá aumentarse.

2. Largo del hilo: esta característica depende del peso del medio y de la longitud de onda del operador. Se habla también de frecuencia: la frecuencia individual podría también asimilarse a la respiración o a los latidos del corazón.

En todo caso, se requiere siempre tener presente que cuanto más pesado es el objeto, más largo será el periodo de oscilación y más largo deberá ser el hilo.

El movimiento del péndulo puede ser en sentido horario, en sentido contrahorario o en sentido longitudinal.

En la primera prueba práctica deberán relacionarse los movimientos del péndulo con significados bien definidos.

¿Qué les sugiere a su inconsciente la rotación en sentido horario?

Precisamente la idea de cualquier cosa regular y conocida, positiva; entonces podremos entender este significado como un sí. El sentido contrario de rotación indicará en consecuencia el no (figura 8).

Los radiestesistas tradicionales hablan de polaridades positivas y negativas, las cuales provocarían reacciones físicas imperceptibles que se comunican al péndulo.

El cambio inicial de la oscilación simple al movimiento circular es la primera reacción espontánea. Si concentran su atención en querer cambiar la posición del péndulo, lo harán a voluntad, pero tal acción sería un grave error, dado que influiría todo el procedimiento radiestésico.

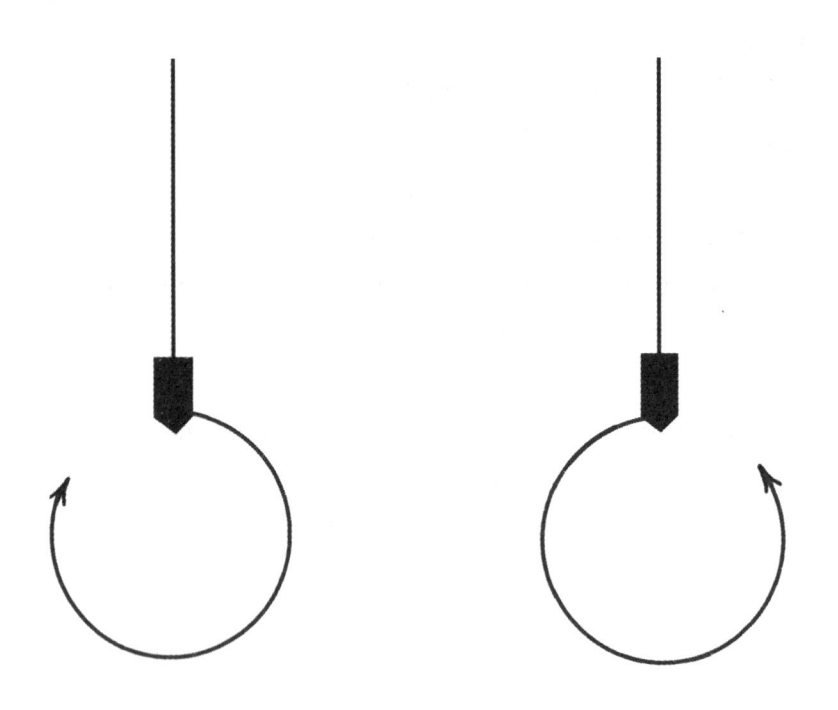

Fig. 8

Introducción a la técnica

Las condiciones esenciales para el ejercicio de la radiestesia son tres estados del ser:

1. El vacío mental.
2. La orientación mental.
3. La convención o asociación mental.

El vacío mental es una expresión que asusta un poco, pues todos saben qué significa, pero nadie sabe cómo se alcanza.

La relajación mental es la condición necesaria para obtener óptimos resultados.

La relajación física deja la mente en una condición especial, más dispuesta y pronta para recibir impulsos particulares del inconsciente. En estado de relajación física, la mente está más tranquila, menos obstruida con ideas, aunque éstas aún estén presentes.

El vacío mental consiste en anular completamente las ideas, de modo que se permita a la mente entrar en el mágico momento de la concentración.

Hay varios sistemas para obtener este estado tan particular: podremos aplicar disciplinas como el yoga u otros sofisticados sistemas de entrenamiento, pero nosotros sugeriremos sistemas más simples y relacionados con el objetivo.

Escojan un sillón cómodo y siéntense en una posición relajada frente a una mesa sobre la cual habrá una vela encendida. Traten de relajarse completamente como si estuvieran a punto de dormirse. Fijen la mirada en la llama de la vela evitando poner atención a los objetos que se encuentran en la habitación: sólo deberán mirar la llama de la vela. Fijen la mirada sobre ésta y manténganla fija hasta cuando se sientan cansados; entonces interrumpan por un momento y después realicen de nuevo el experimento.

Cada vez que repitan el experimento, se darán cuenta de que siempre será más fácil excluir el mundo circundante. Prueben entonces quitar la vela procediendo igual e imaginando que la misma vela esté ahí.

Nuestra voluntad actúa sobre el campo imaginario. Imaginemos ver disminuirse la llama poco a poco, hasta que desaparezca gradualmente. Este es el momento en el cual se ha alcanzado el vacío mental.

En las ocasiones sucesivas bastará que se imaginen realizando el experimento para despertar un reflejo condicionado capaz de llevarlos al mismo estado de conciencia; será suficiente que se relajen para alcanzar la condición óptima de vacío mental.

Se pueden aconsejar otros métodos similares, sustituyendo los estímulos visibles por los estímulos auditivos; en este caso, será necesario utilizar un metrónomo, pero al final el procedimiento será el mismo. Lo esencial es lograr automatizar completamente el evento.

La orientación mental consiste en tener muy claro en la mente cuál es el objeto o la cosa que se debe buscar: tener bien preciso el objetivo que se quiere alcanzar.

La convención mental es el lenguaje particular que el radiestesista tiene con el propio medio, sea éste el péndulo o la vara: es una especie de acuerdo con el propio yo que se vuelve objetivo en el medio.

Después de haber aclarado las condiciones esenciales que deben seguirse para una práctica radiestésica correcta, pasaremos a advertirles a nuestros lectores sobre el peligro de interferencias psicológicas en radiestesia.

La interferencia psicológica es un término general que cubre una cantidad de problemas, cada uno de los cuales incluye la intrusión de la mente en el proceso radiestésico.

El momento en el cual las facultades conscientes y las funciones cerebrales intervienen en el proceso, representa un arma de doble filo, especialmente porque puede ser una causa de error y al mismo tiempo porque puede crear una fuente de vivaces y sorprendentes coincidencias.

La radiestesia es esencialmente subjetiva y personal, y para producir efectos notables esta subjetividad necesita regularse y controlarse atentamente.

¿Cuáles son los factores clave de esta subjetividad y de qué manera es necesario que el individuo los controle?

Hay tres puntos clave que deben observarse atentamente, y esta consideración deriva principalmente de que el péndulo frecuentemente se manifiesta demasiado sumiso a la voluntad del operador.

El primero de estos tres puntos tiene que ver con el control consciente del automatismo en el proceso radiestésico, el segundo es la existencia de presunciones conscientes, respecto a la posibilidad de errar y, por último, el peligro de presunciones inconscientes.

El automatismo, tiene una importancia fundamental en la radiestesia: una vez conocido lo que se debe hacer (orientación mental), el cuerpo automáticamente debe proceder hasta cuando la mente no confunda deliberadamente el objeto con órdenes contradictorias.

Con un poco de práctica, las pruebas de reacción que se irán estableciendo para el péndulo, es decir, la convención mental, les permitirá reaccionar automáticamente. Una recomendación importante: una vez establecidas las convenciones, no las cambien. De tal forma, tendrán la posibilidad de controlar siempre los resultados y su instrumento, obteniendo diversas reacciones para diversas preguntas. El problema es que tal control debe llegar indirectamente. El modo más simple para hacer esto es tratar al péndulo como si tuviera su propia personalidad. Algunos conocedores consideran al péndulo como una unidad pensante, poniendo en práctica un proceso de disociación psíquica. Esta personalidad secundaria (el péndulo) es como alguien al cual nos podemos dirigir para obtener una respuesta.

Un ejemplo. Tomen un péndulo en posición estática, obtengan la oscilación a través del ajuste del hilo como ya se explicó anteriormente.

Díganle al péndulo que gire en sentido horario, y el péndulo cambiará el movimiento, del oscilatorio al rotativo.

Ahora díganle al péndulo que se detenga: verifiquen que éste retorne a la posición de reposo.

Prueben nuevamente, pero esta vez ordénenle al péndulo que se mueva sin decirlo en voz alta, sólo piénsenlo construyendo en su mente la imagen de que esto ocurre. Si empezaron a tenerle confianza al péndulo, todo ocurrirá exactamente. Por supuesto, en la fase preliminar ya debieron seguir la recomendación de hacer el vacío mental.

Pasemos al segundo punto: la emergencia de prejuicios conscientes. Estos prejuicios son el resultado de un proceso mental por el cual las conclusiones se anticipan.

Llevemos a cabo un experimento:

Tracen una línea sobre el piso.

Tomen el péndulo, convencidos de que la línea representa un límite, y atraviesen la línea. Observen qué ocurre con su péndulo. Éste empezará a moverse cambiando de dirección al atravesar la línea.

Ahora borren la línea y hagan lo mismo, pensando que donde estaba la línea pasa un curso de agua. Observen las reacciones del medio; serán las mismas, acentuadas por el hecho de que cuando pase por donde estaba la línea, el péndulo se moverá con más fuerza, como si estuviera indicándoles que hay agua.

Cambien ahora el experimento. En el caso anterior su convicción mental hizo que el péndulo tuviera una reacción notable; probemos lo contrario (figura 9). Vayan a un lugar donde

Fig. 9

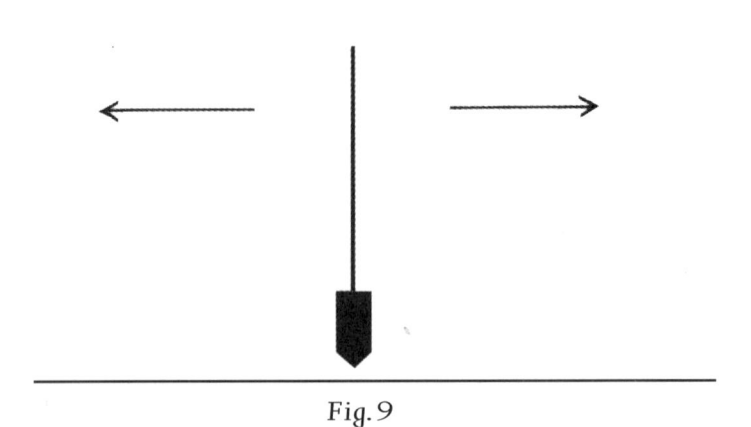

tengan señales de presencia de agua, convenciéndose a sí mismos que no habrá reacciones y que la radiestesia es sólo una tontería. Verán que, no obstante su máxima voluntad, no obtendrán algún resultado positivo de su péndulo.

Naturalmente, la prueba de que sus convicciones interfieren habitualmente con la actividad de la radiestesia se demuestra rápidamente.

Ahora olviden todo y dejen pasar unos minutos. Relájense, pónganse en vacío mental y prueben nuevamente regresando a la situación anterior, reconstruyendo psicológicamente el momento en el cual obtuvieron resultados positivos en aquel lugar. Todo ocurrirá de manera exacta.

Sean cautos y eviten llegar a conclusiones previstas: siempre deben estar en capacidad de dominar su pensamiento.

La parte positiva, relativa al surgimiento de prejuicios conscientes, es simplemente la aplicación deliberada de aquello que a veces puede ser una intrusión casual con el fin de seleccionar y filtrar diferentes frentes de información. El aprovechamiento de estas intrusiones naturalmente se da a nivel puramente cualitativo.

El estado mental necesario para realizar un experimento de búsqueda es fijar bien en la mente, con cuidado y precisión, lo que está buscándose. El comportamiento mental apropiado es:

"Estoy buscando algo y tengo en mente la imagen del objeto que estoy buscando".

Pasemos al tercer punto relativo a las interferencias inconscientes.

Estas interferencias son las más peligrosas precisamente porque están implícitas.

La única manera de evitar esas interferencias es aislándose completamente y haciendo abstracción de todo, excepto de la mano, que es la parte del cuerpo que se aplica al experimento.

Lo anotado hasta ahora sólo es teoría, pero verán que iniciando la práctica estarán en capacidad, por sí mismos, de evitar todas las interferencias, sean conscientes o inconscientes.

Un consejo que tal vez no encontrarán en otros libros es:

No sean demasiado serios. El aspecto lúdico abre en mayor medida su inconsciente y facilita la consecución de resultados positivos seguros.

Resumamos:

a. Concentren su atención en el instrumento que usan e invítenlo a moverse solo.

b. Despejen su mente de pensamientos contingentes y pónganse a trabajar.

c. No realicen experimentos uno detrás de otro, dejen pasar unos minutos para relajarse, dándose un tiempo entre cada experimento.

d. Construyan un modelo mental de su posición, su péndulo y el problema que deben enfrentar.

e. El relajamiento físico y mental es la clave para obtener el mejor resultado.

La práctica radiestésica

En el capítulo anterior nos familiarizamos con los objetos que nos permiten practicar la radiestesia; fijamos en líneas generales cuáles son los principios sobre los que deberán basar su práctica. Ahora nos disponemos a cumplir un paso posterior en la vía del conocimiento, debemos desarrollar confianza y aprender a trabajar con el péndulo de manera correcta.

Así como el estudiante que va a la escuela a aprender empieza escribiendo las palabras letra por letra, lo mismo haremos nosotros, dado que pretendemos ser expertos en una técnica que irá refinándose poco a poco con la práctica atenta y controlada.

Aconsejamos algunas experiencias fáciles que tienen como objetivo automatizar al máximo sus reacciones físicas.

Ejercicio 1

Tomen el péndulo aplicando las recomendaciones técnicas explicadas previamente y hagan mover el péndulo voluntariamente, concentrando su atención en que el péndulo continúe su movimiento aun después de finalizar el estímulo voluntario. Verán que el péndulo se moverá por movimientos reflejos.

Dibujen una espiral en sentido horario y otra espiral en sentido contrahorario (figura 10). Poniendo el péndulo sobre las espirales, verán que por simpatía y autosugestión el péndulo automáticamente comenzará a girar en el sentido de las espirales.

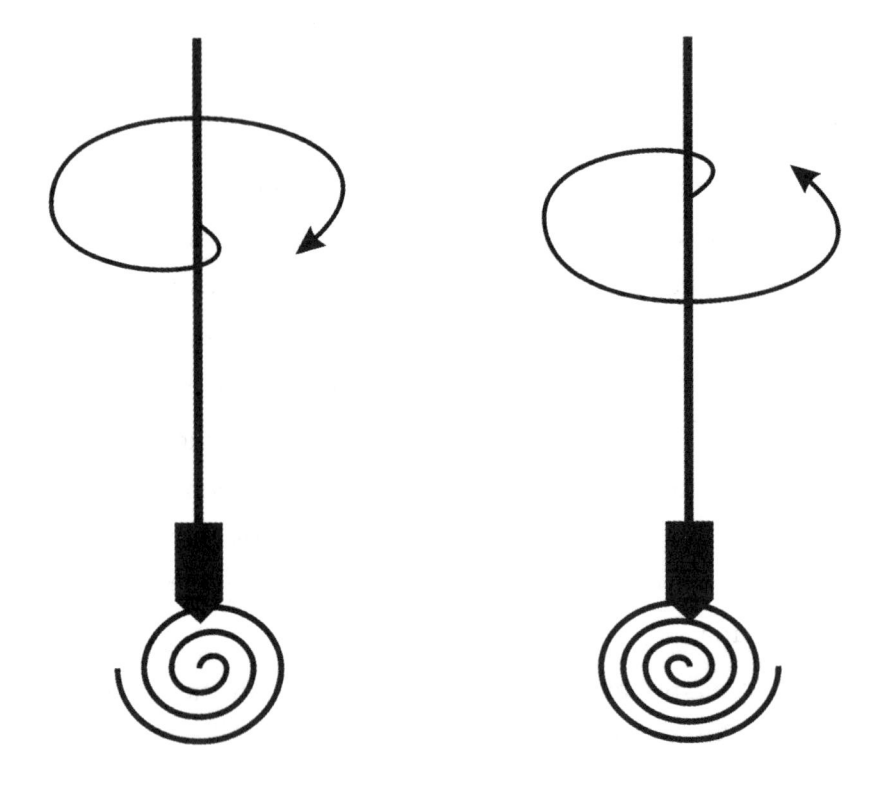

Fig. 10

Ahora prueben dibujando líneas rectas (figura 11) y verán que en este caso el péndulo se moverá de manera paralela a las líneas trazadas.

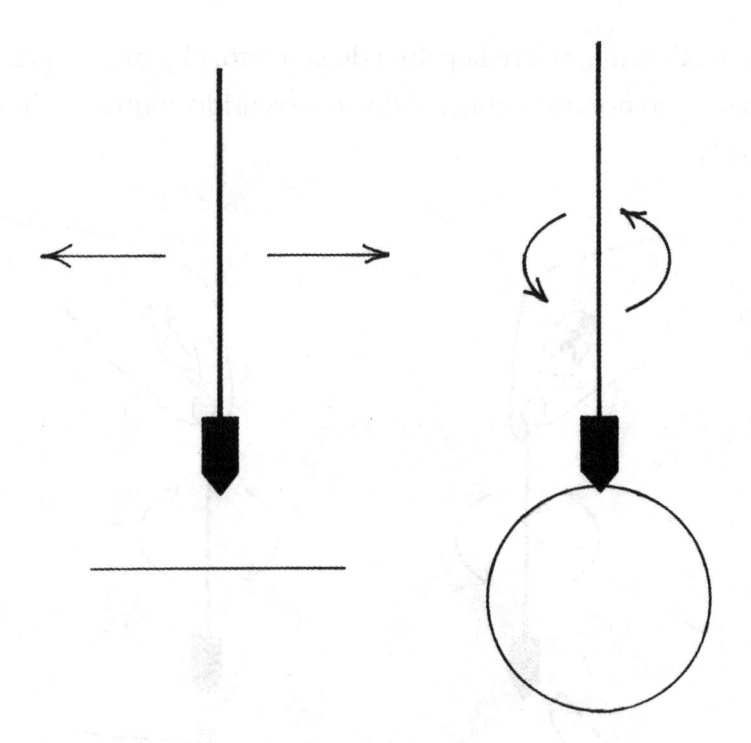

Fig. 11

Repitan varias veces este ejercicio y notarán cómo en un momento los movimientos del péndulo asumirán un curso independiente al de su voluntad.

Ejercicio 2

Sigan la misma técnica del primer ejercicio, pero dibujando un círculo y una línea (figura 11) y observen el curso del movimiento del péndulo.

Ejercicio 3

Tengan el péndulo extendido sobre la palma de la mano y después sobre el dorso: notarán que el curso del giro del péndulo cambiará.

Generalmente, sobre la palma de la mano, el péndulo girará en sentido horario y sobre el dorso en sentido contrario (figura 12).

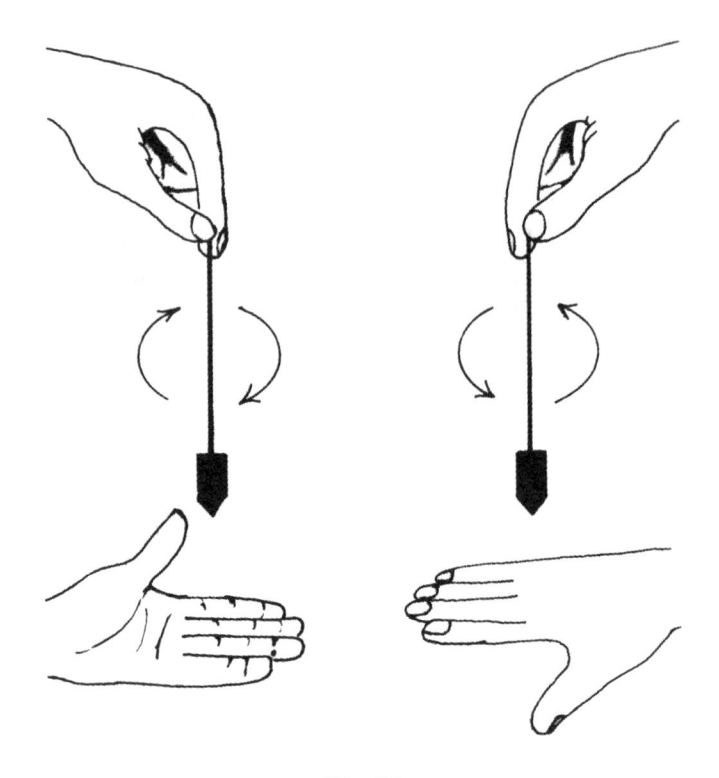

Fig. 12

Estos tres primeros ejercicios tienen como objetivo relajar el brazo mediante un proceso de autosugestión inconsciente. En un segundo momento, la sugestión no será necesaria porque sabrán hacer uso del péndulo automáticamente.

La sugestión ha sido necesaria en un primer momento, ahora será oportuno pasar a una serie de ejercicios más complejos, en los cuales predominará un estado de atención neutro.

Fig. 13

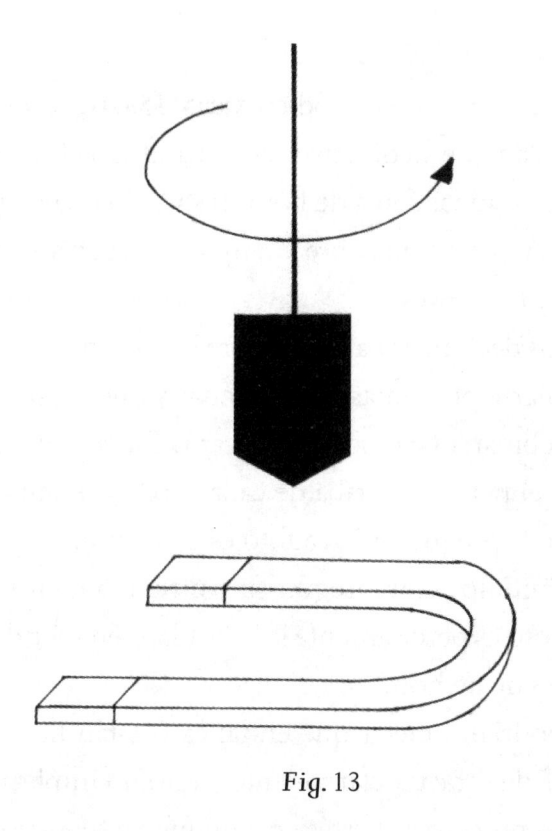

Ejercicio 4

Tomen un imán, preferiblemente de hierro y en forma de herradura, dado que permite determinar con mayor facilidad el punto crítico magnético (figura 13). El péndulo se hará girar sobre los polos del magneto y deberán descubrir si es el polo negativo o el positivo a través de una simple convención mental.

Este ejercicio también puede realizarse fácilmente con una línea eléctrica, con los cables debidamente distanciados para buscar el polo negativo y el positivo.

Ahora pasemos a experiencias más complejas.

Ejercicio 5

Recorten, puede ser de un periódico, varias fotos de hombres y mujeres. Decidan que su objetivo será encontrar la foto de una mujer. Escojan algunas fotos de hombres y sólo una de mujer. Coloquen cada una en un sobre y empiecen a hacer oscilar el péndulo sobre los sobres.

Es oportuno decir unas palabras sobre la convención mental. Deben formularse preguntas muy precisas y que presupongan una respuesta binaria (sí o no). Al buscar la foto de una mujer, harán oscilar el péndulo arriba de cada sobre y mentalmente se formularán la pregunta: "¿La foto es de la mujer?". Observen que el péndulo girará, según su convención, en sentido horario si la foto es precisamente la buscada, y en sentido contrahorario si es de un hombre.

Algunos podrían objetar que en tal caso están haciéndose experimentos de carácter clarividente y esto no implica necesariamente un proceso radiestésico. Aunque así fuera, los invitamos a probar, dado que consideramos válido el experimento.

Naturalmente, el ejercicio anterior puede tener numerosas variaciones: tomando las cartas y escogiendo una en particular, poniendo una moneda bajo un vaso entre un grupo de vasos boca abajo, opacos, y tantas otras posibilidades para practicar. Lo importante es que fijen claramente entre ustedes y el péndulo la convención mental de las respuestas.

Si encuentran dificultad en este ejercicio intenten realizar este otro.

Formúlense una pregunta mental de la cual ya conocen la respuesta y pídanle al péndulo interpretar esta respuesta. Observen si los giros del mismo corresponden a su convención mental. Cuando obtengan una respuesta positiva a su convención, hagan nuevamente el experimento mencionado anteriormente.

Para algunos, estos ejercicios presentarán notables dificultades, pero es sólo cuestión de constancia.

Con este método de la pregunta y respuesta podrá formulársele al péndulo casi cualquier pregunta; la única precaución que debe tenerse en cuenta es: formular las preguntas de manera simple y que puedan responderse con sí, no o no sé.

Por este motivo, no formule preguntas como:

"¿Es rojo o azul?". La respuesta sí, en este caso, no tiene significado.

"¿Es negativo?". Con esta pregunta puede pasar que el péndulo responda "no", entonces significa que "sí".

Estos sencillos ejercicios los acostumbrarán a servirse del péndulo y podrá comenzar a confiar en él.

Más sobre el péndulo

Como hemos visto, el péndulo puede obedecer a las solicitudes del inconsciente, pero el comportamiento mental del radiestesista debe ser de expectativa, pasivo y receptivo.

Este comportamiento se transforma en un estado de júbilo por el hallazgo de la cosa buscada: éste es el momento mágico de encuentro con el mundo exterior, de vuelta al estado normal, al contacto con la realidad objetiva. El objeto buscado, que se esconde a los sentidos y a la conciencia, es encontrado y descubierto por el inconsciente.

El movimiento del péndulo varía con el cambio de intensidad y de dirección de la mano. La intensidad y la dirección varían por las emociones inconscientes del encuentro, de las cuales los sentidos quedan excluidos o, al menos, queda excluida la sensación consciente.

Lo anterior es cierto si se circunscribe a una realidad objetiva, pero no existe sólo un mundo objetivo. Es necesario tener presente un mundo subjetivo que abraza los estímulos externos, el concepto de simpatía, la valoración de los prejuicios conscientes e inconscientes en este mundo que contrasta con el rígido cientificismo; nada es exacto, nada es fijo, son infinitas las variables y los grados de expresión.

En este caso es imposible pretender respuestas constantes, repetidas y que las respuestas sean siempre exactas. La única solución es impedir que haya respuestas inexactas, tratando de eliminar los factores que las generan.

Examinemos el péndulo desde el punto de vista del radiestesista. El sabe que el péndulo se ha movido solo, empujado por cualquier fuerza desconocida para él. El radiestesista difícilmente admitirá haber sido él mismo el agente del movimiento del péndulo; él se identifica con su propia conciencia y llama "otro" a aquello que no está en su propia conciencia.

Del desconocimiento del límite, deriva el concepto de "otro", límite impreciso y de todas formas arbitrario.

Así mismo, un observador externo entiende que el yo del radiestesista comprende su parte inconsciente y dice que es él quien mueve el péndulo. A este inconsciente se aplican entonces los criterios de divisibilidad y credibilidad que hemos tratado en el universo físico del mundo de los objetos.

Sin adentrarnos en problemas filosóficos, consideramos que ser forzado a admitir una cosa que no se siente —el hecho que no sea el péndulo el que se mueve, como un objeto externo a él y que su yo conozca ya las respuestas— podría crear en su equilibrio expectante una turbación, una sensación de desarmonía, casi inquietante, y por tanto, una falta de apertura a las búsquedas que se dispone a hacer, con los consecuentes resultados negativos.

Su yo y lo que él cree es algo de límites imprecisos y borrosos. ¿No se reconoce artífice del movimiento del péndulo? Bien, entonces debe ser otro el que lo mueve; otro con el cual hay una relación sutil de comunicación, aunque no de comunión, esto obviamente por comodidad.

Esta relación vacilante se cultiva de manera que no haya conflicto entre consciente e inconsciente.

¿Cómo se adquiere esta virtud? La respuesta es simple y problemática al mismo tiempo: se requiere vivir las cosas, deseando que los hechos ocurran: no es más que el poder creativo de la voluntad.

En este precario equilibrio entre las cosas y el operador tiene que ver nuevamente la armonía entre el radiestesista y el péndulo. El péndulo debe ser agradable. Éste no debe ser de plástico; el plástico se siente como una cosa fría, extraña, como la expresión de una civilización alienante. La forma debe ser agradable, de manera que no afecte el sentido estético.

Hay quienes, encantados con las maravillas de la civilización tecnológica, son atraídos por imanes anexos al péndulo, pequeñas lámparas, bobinas y tantas otras cosas de naturaleza fantástica. ¡Hemos visto decenas de estos extraños objetos!

La exaltación que provoca al operador su objeto preferido, el estímulo a la fantasía, son favorables para el éxito de las búsquedas.

El péndulo resulta una parte del yo, parte de sí mismo objetivada, vista frente a sí mismo, que responde a través del inconsciente. El operador ve en el péndulo el medio que le permite alcanzar el objetivo propuesto.

Algunos se inclinan por alcanzar el espíritu de las cosas y deben evocar en su péndulo al espíritu de la cosa buscada. Introduzcamos aquí el argumento de los testigos.

El mercurio, por ejemplo, puesto en un péndulo con vacío apropiado, da la idea de fluido, de líquido y de agua. Por tanto esta sustancia puede usarse como testigo para las búsquedas hídricas.

¡Lo importante no es el péndulo, sino quien lo usa!

Los novatos, fascinados por las nuevas experiencias, adquieren numerosos tipos de péndulo, mientras el radiestesista experimentado usa siempre su viejo péndulo, objeto que no se lo presta a nadie y que conserva celosamente. En efecto, el péndulo es exclusivamente suyo, está impregnado de su fluido personal y parece actuar de manera independiente de su voluntad, haciendo cosas que el yo consciente no pretende.

En la mayoría de las búsquedas obtenemos del péndulo una respuesta binaria "sí" o "no". En otros casos, esperamos que el péndulo oscile en un determinado sentido.

Hagamos ahora un experimento para confirmar el concepto de que no existen reglas fijas para trabajar con el péndulo.

Tomemos metales diversos (oro, plata, plomo, cobre, hierro) y analicemos con el péndulo el grado de simpatía que sienten por cada metal.

Cada metal podrá ser más o menos simpático, y como tal podrá asociarse a determinadas impresiones, sean estas conscientes o inconscientes. Naturalmente, a diferentes impresiones corresponderá una diversa reacción del movimiento del péndulo.

He aquí cómo proceder en la práctica: primero que todo, ubíquense en una posición cómoda frente a la mesa donde han puesto los diversos metales. Pongan bajo el péndulo una hoja de papel negro y con la mano libre toquen un metal, atentos a no fijar su interés sobre el objeto, sino exclusivamente sobre la naturaleza del metal. El péndulo oscilará de un cierto modo, o podrá dirigirse hacia una determinada dirección. Toquen ahora otro metal y observen cómo se mueve ahora el péndulo y en cuál dirección. Repitan el ejercicio otras veces, al comienzo con pocos metales, después con un número mayor, de modo que se confirme la convención de que a un cierto metal corresponde un determinado movimiento.

Incluso es aconsejable repetir el ejercicio dejando pasar algún tiempo para determinar mejor la exactitud de las convenciones objeto-operador.

De esta manera se habrá establecido la convención entre la parte consciente y la parte inconsciente, por la cual, a un movimiento dado del péndulo corresponde cierto metal; entonces, a objetos similares corresponderán reacciones similares.

Ratificamos el concepto de que las impresiones y las reacciones del péndulo son de naturaleza netamente individual y no son iguales para todos, como querían demostrar los antiguos textos de radiestesia que registran cuidadosas tablas sobre los movimientos del péndulo en relación con diversos metales.

Nuestra opinión es que cada uno de nosotros debe construirse sus convenciones personales a partir del ejercicio repetido.

Es verdad que existen impresiones sobre las cuales la mayoría tendemos a coincidir, pero no se puede decir que éstas sean siempre las mismas para todos.

Por ejemplo, el color rojo expresa en general agresividad, y en la mayoría de las personas éste suscita la idea de tensión o de alarmas, pero para algunos podría estar asociado con otras impresiones e ideas diversas.

Así, en general, una línea vertical expresa atención, vigilancia, mientras la horizontal significa distensión, pasividad, etc.

Entonces será oportuno que cada uno prepare por sí mismo sus propias tablas, estableciendo para cada metal la dirección en la cual oscila el péndulo; si éste gira, cuántos giros realiza; o realizando círculos alrededor del metal en examen, en cuál punto del círculo empieza a rotar el péndulo.

El ejemplo presentado con los metales aplica a cualquier material, entonces será fácil para cada uno construirse sus propias tablas.

Aún no hemos explicado las condiciones físicas en las cuales debe actuar el radiestesista. Esto es fácil. Para lograrlo, el individuo debe primero que todo estar calmado, sin tensión, y naturalmente gozar de buena salud. Por tanto, no traten de hacer exploraciones si están agitados y si no están en óptima forma, dado que sus preocupaciones bloquearían completamente la emergencia de las facultades perceptivas extrasensoriales.

Los testigos y su uso

El método tradicional le impone al radiestesista usar, en caso de búsqueda, una muestra de la cosa o del objeto que pretende encontrar. La idea deriva del concepto de simpatía: para encontrar un objeto es necesario tener uno similar, partiendo del preconcepto que al radiestesista se le facilita la búsqueda si en su consciente el objeto es conocido.

En este sentido, un testigo de cualquier objeto es algo que tiene una o más propiedades del objeto dado; usualmente se trata de objetos hechos del mismo material.

Tomemos un ejemplo. Un testigo de un objeto de cobre está representado en cualquier objeto de cobre; un testigo de aceite, en un recipiente que contiene aceite, y así según el material.

El uso de testigos nos remonta a otros tiempos, en plena Edad Media, cuando los brujos y las hechiceras para su magia usaban sustancias orgánicas relativas al sujeto a quien debían hacer el maleficio, como orina, sangre, cabellos y otras.

Esto generalizó el uso de testigos. Algunos radiestesistas ni siquiera usan objetos o sustancias reales similares a lo buscado;

para ellos es suficiente escribir su nombre en un pedazo de papel para visualizar o sintonizarse con el objeto, logrando igualmente el resultado deseado, el de la simpatía entre la cosa buscada y lo que está en su posesión.

Si se usa la vara, es preferible poner la muestra en contacto directo con ella; si se usa el péndulo, será oportuno proveerse de un péndulo con un cavidad, en la cual se inserta la muestra. Este método, según nuestro parecer, es una pura convención y no una condición necesaria para lograr la exploración. Incluso, cualquier medio que pueda demostrarse útil para provocar la reacción del radiestesista es aconsejable.

De todas maneras, con esta técnica, se darán cuenta de que el instrumento actuará directamente sobre el objeto buscado, o sobre cualquier objeto que tenga afinidad con la muestra o el testigo usado.

La técnica del testigo puede, según nosotros, reconducirse fácilmente a la técnica de la pregunta y la respuesta que ya hemos tratado.

El uso del testigo tiene sus raíces en una idea de la imagen y de la visualización de la cosa buscada. Este método es una aplicación de las interferencias inconscientes que producen resultados válidos en la fase de experiencia.

El testigo hace las veces, por así decirlo, de despertador para el inconsciente. Por ejemplo, usando una moneda de cobre, el organismo actuará cuando esté frente al mismo material.

En el caso de muestras imaginarias, como palabras escritas para indicar el objeto, la facultad predominante será la visualización. Su habilidad consistirá en tener claramente visualizado el objeto buscado, dado que ustedes conocen la íntima sustancia y su verdadero ser la conoce.

Elijamos ahora algunos ejercicios que podrán servirles de ayuda.

Ejercicio 1

Escojan dos monedas iguales; una de ellas les servirá de testigo. Pongan una moneda sobre la mesa y tengan la otra en su mano junto al péndulo. Concéntrense sobre la imagen de la moneda que deben buscar y díganse a ustedes mismos que el péndulo empezará a oscilar cuando se encuentre sobre la moneda que pusieron en la mesa.

Observarán cómo el movimiento oscilatorio será automático e independiente de su pensamiento consciente (figura 14).

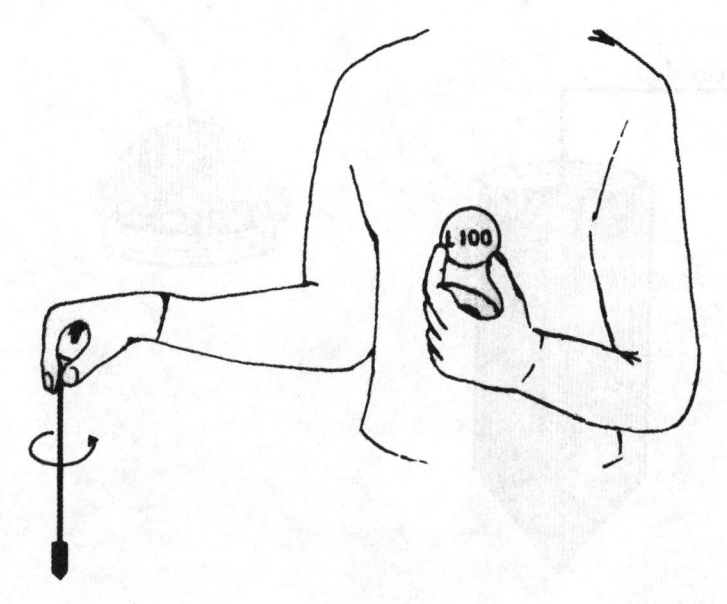

Fig. 14

Ejercicio 2

Hagan el mismo ejercicio, pero pidiéndole a otra persona que esconda la moneda; esta persona no debe estar presente en la experiencia para evitar intrusiones de carácter telepático. Si el procedimiento se grabó en su inconsciente el resultado será igual.

Ejercicio 3

Proveánse de un péndulo hueco y llénenlo de agua salada. Llenen un vaso de agua normal y uno de agua salada.

Hagan cambiar la posición de los vasos por otra persona y después inicien el experimento. La práctica adquirida les mostrará en seguida cómo el péndulo, en proximidad del vaso lleno de agua salada, comienza a oscilar: su inconsciente les avisa que el objeto buscado es aquél (figuras 15 y 16).

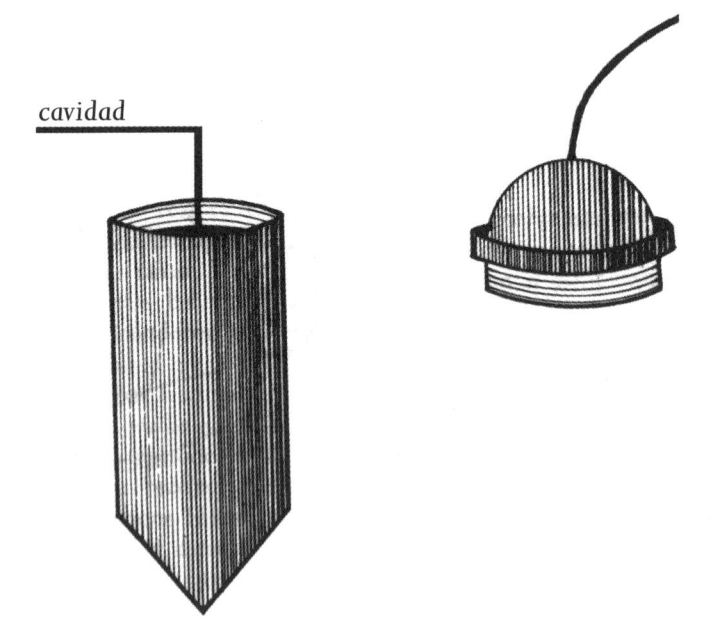

cavidad

Fig. 15

Naturalmente, pueden aplicar en este caso el método de la pregunta y la respuesta, preguntándose cada vez que estén con el péndulo sobre el vaso:

"¿Hay agua salada en el vaso?".

Agua salada   *Agua dulce*

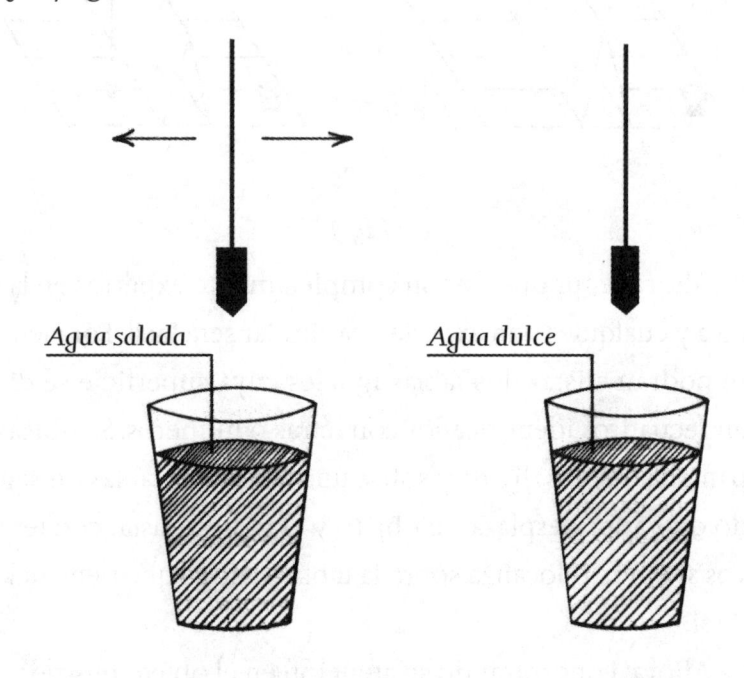

Fig. 16

Ejercicio 4

Pueden hacer nuevamente el mismo ejercicio cambiando de elemento. Esta vez, empleen agua azucarada. Usen un solo vaso que harán colocar de tal manera que no puedan verlo, separándolo mediante una pantalla. Hagan líneas paralelas e inviten a alguien a desplazar el vaso. Comiencen a concentrarse sobre alguna línea y formúlense mentalmente la pregunta: "¿Está el agua azucarada sobre esta línea?" (figura 17).

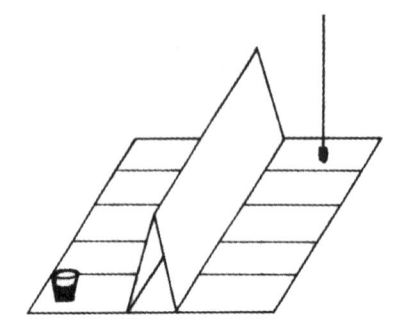

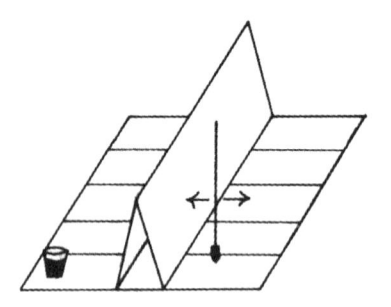

Fig. 17

Ahora seguramente son completamente expertos en la técnica y cualquier otra experiencia similar será fácil. Por ejemplo, se podrán alistar dos tablas iguales cuya superficie se divida en recuadros identificados con letras o números. Se ubica una pantalla que los divida y sobre una de las dos tablas un segundo operador desplaza un objeto y el radiestesista, con tentativos sí o no, lo localiza sobre la tabla análoga que tiene delante de sí.

Ahora, concentrando su atención en el objeto buscado, podrán desarrollar, de una manera simple, experiencias de tipo telepático con otra persona.

Ejercicio 1

Este ejercicio busca verificar si entre el operador y la persona interesada existe correspondencia telepática.

Dispóngase en condición de vacío mental e invite a otra persona a pensar que mueve el péndulo que usted sostiene. Si hay correspondencia telepática, cuando éste piense que hace mover el péndulo, verán que el medio seguirá las órdenes.

Ejercicio 2

Una vez más haremos uso del testigo. Pidámosle a una persona que esconda un objeto y fijemos mentalmente nuestra atención en el objeto escondido. El péndulo empezará a oscilar en proximidad al lugar en el cual se escondió el objeto.

Se obtiene un doble efecto: el de la visualización, después de una convención mental, y la individuación precisa del objeto, con base en una orientación mental precisa.

Regresando a los testigos reproducimos las palabras de Ventidio Corti, quien nos autorizó a transcribir en este libro un extracto de las lecciones de radiestesia que dicta en la Academia Tiberina de Roma:

"Se acostumbra definir como testigo a un objeto, un escrito, una palabra, un color o cualquier otra cosa capaz de traer a la mente una idea determinada en el ejercicio de una mántica.

Por ejemplo, un color puede recordar una nota musical con preferencia de otras notas, puede asociarse mejor a la idea de cierta enfermedad o de un tipo de persona dado. Una flor o una planta puede traer a la mente una virtud o un defecto más que otras".

Estas asociaciones son, en general, un asunto personal: cada uno tiene sus asociaciones preferidas.

Yo, por ejemplo, no compararía la tuberculosis con el color rojo o el azul, más bien con el amarillo y el verdoso. Así, el amarillo y el verdoso podrán favorecerme para evocar la idea de la tuberculosis.

El testigo cumple una función de llamado: realizando ejercicios de mántica sucede algo parecido como cuando se tiene una palabra "en la punta de la lengua", sin lograr recordarla, sucede que por causalidad se escucha una palabra similar que da vía al término buscado.

Me contaba un amigo que, para ejercitar sus capacidades de clarividente, se esforzaba para adivinar la figura impresa sobre una caja de fósforos, apenas la compraba y guardaba en su bolsillo sin verla. Una vez, haciendo este ejercicio, no lograba sentir nada, pero en un momento, viendo pasar una carroza tirada por un caballo, tuvo la chispa de intuición que le hizo exclamar: "¡Ah sí, por Dios! ¡Aquí está dibujado un monumento ecuestre!".

El caballo de la carroza había hecho de testigo al monumento ecuestre.

Disfrutando oportunamente de asociaciones similares, se puede conducir a niveles superiores de la conciencia lo que yace en el subconsciente o en los estratos más profundos.

Se trata de un mecanismo automático muy similar al de la memoria. En este punto es interesante destacar que el esfuerzo de algunas personas por saber algo por la vía paranormal es, según dicen ellos, muy similar al de recordar. Ellos tienen la sensación de buscar en sí mismos la información deseada y no de captarla telepáticamente o de otra fuente.

Esta analogía entre memoria y conciencia paranormal podría hacer surgir la sospecha de que no hay sólo afinidades, sino absoluta identidad entre tales facultades; esto señalaría a los estudiosos una vía para investigaciones posteriores.

Los problemas que se presentan son numerosos: ¿cómo se fija el evento en la memoria?; ¿la fijación del recuerdo tiene alguna relación con la materia?; ¿está relacionado sólo con la materia viviente?; ¿eventualmente, la célula nerviosa es la única apta para fijar el recuerdo o sólo se trata de una especialización particular?; ¿el recuerdo se transmite mediante el semen, de manera análoga a la forma del organismo?; ¿y qué otra cosa, además de la forma, puede pasar de la memoria del padre a la del hijo?; ¿la facultad de la memoria puede extraer los recuerdos sólo del organismo en el cual se manifiesta o puede extraerlos también otros?

Como se ve, los problemas serían muchos. Pero a falta de respuestas válidas, preferimos pasarlos por alto.

Hablar del uso de los colores como testigos, nos ofrece la oportunidad de abrir un pequeño paréntesis, para considerar que si no hacemos todos las mismas asociaciones, por ejemplo entre determinados colores y determinadas notas musicales, significa que de los colores o de las notas recibimos cada uno sensaciones diversas, incluso si es idéntico el estímulo sensorial. Entonces, todo estímulo se traduce de distinta manera según el individuo, lo que equivale a decir que cada uno de nosotros percibe un mundo subjetivo, individual y diverso.

Esto debe tenerse presente cuando se habla de realidad objetiva, como una cosa idéntica para todos.

En un estudio sistemático de la radiestesia, entendiendo el término en el sentido más amplio, podemos intentar subdividirla según la forma de usar los testigos o según la reacción orgánica que se manifiesta en el radiestesista. En este último caso, podemos distinguir también si se afecta la musculatura lisa, la estriada o el sistema glandular.

Los casos más notorios y frecuentes son aquellos en los cuales se interesan los músculos esqueléticos del brazo o de la mano. A veces por la evidencia del mismo movimiento, es superfluo el uso de cualquier aparato que revele el estremecimiento de la articulación ante la presencia de la cosa buscada.

Pero la mayoría de las veces la reacción muscular es mínima, tanto que debe evidenciarse con algún artefacto. Por esto existen los distintos tipos de varas y péndulos.

El péndulo ha tenido mayor acogida por la diversidad de los movimientos convencionales que puede asumir (rotaciones horarias, contrahorarias y oscilaciones en las distintas direcciones) y por la posibilidad de adaptarse a los requerimientos según cada caso, además de hacer evidentes hasta los impulsos más leves.

A menudo se objeta que la mano está siempre sometida a un temblor, aunque sea mínimo, y que éste determina el movimiento del péndulo.

El problema no es que el aparato se mueva sino que se mueva de modo oportuno y que las búsquedas den resultados positivos.

Incluso, algunos radiestesistas le imprimen voluntariamente los primeros movimientos al péndulo para vencer el estado de inercia. Pero una vez se encuentran en correspondencia con el objeto buscado, el movimiento del instrumento varía y adopta el aspecto convencional apto para revelar la respuesta exacta.

En vez de los músculos del brazo o de la mano, o en relación con éstos, pueden intervenir otros músculos de manera voluntaria . Por reacciones comprobadas, puedo citar el caso de sensitivos que, pasando por ciertos lugares, ante la presencia de minerales o aguas subterráneas, sienten flaquear una pierna o los invade un temblor. En cambio, respecto a las reacciones por comprobar, no creo que se haya realizado estudios adecuados, hasta ahora, distintos al del péndulo sostenido entre los dientes o los labios.

También en lo que se refiere a la participación de otros músculos de manera involuntaria, habría mucho que experimentar.

Participé en una experiencia realizada en el CESPERA, tendiente a controlar, con el método presión-pulso, si existe una variación del metabolismo en la persona durante el ejercicio de la radiestesia. Los experimentos aún están en curso.

La literatura sobre las reacciones de la musculatura lisa es más bien escasa. Algunas veces se habla de personas que recorriendo un terreno con los brazos extendidos hacia delante, advierten sensaciones de calor o frío en las manos, en correspondencia con la cosa buscada. Puede darse que tal sensación derive precisamente de una dilatación o constricción de los vasos.

También es conocido el caso de una mujer que, en presencia de petróleo, tenía arcadas y aprovechaba esta propiedad para las búsquedas petrolíferas.

Sería necesario estudiar también si en el movimiento voluntario de la musculatura influye en mayor escala los preconceptos y las preferencias del radiestesista, que en el involuntario.

Así, la llamada máquina de la verdad podría aplicarse a tales búsquedas.

Se podría también monitorear los temblores ciliares, la dilatación de la pupila y la alteración del ritmo cardíaco.

Otras sensaciones orgánicas podrían ser percibidas por el radiestesista como sentimiento de angustia, opresión u otros.

También está por estudiar las reacciones glandulares a la supuesta radiación radiestésica.

Además de basarse el estúdio en el tipo de reacción orgánica, podría intentarse un estudio sistemático de la radiestesia sobre la base de los testigos, respecto a su naturaleza o al modo como éstos se usan.

En relación con el objeto de la búsqueda (una persona o una cosa), un testigo puede ser:

1. Una muestra de éste o una parte suya.
2. Cualquier cosa que haya estado en contacto con él por algún tiempo.
3. Un escrito, si se trata de una persona.
4. Una fotografía, aún en imagen de imprenta.
5. Su nombre u otra referencia, como: grado de parentesco con otra persona conocida, ubicación exacta, un escrito, un pronunciamiento o simplemente un pensamiento.
6. Sólo la idea de la cosa, persona o cualidad buscada.
7. Un movimiento convencional, un color, un olor u otro que estén de cualquier manera asociados con la persona, cualidad, cantidad u objeto de la búsqueda.

En último caso, la relación analógica que tiene origen en el subconsciente habrá sido percibida anteriormente por la persona, así como el movimiento convencional. Esta relación y estas convenciones pueden establecerse también consciente y voluntariamente.

Se puede establecer que las líneas de un gráfico en círculo signifiquen cada uno de los caracteres buscados (un ejemplo son los cuadrantes que se explican adelante).

Sólo en los casos 1 y 2 y parcialmente en el 3, se podría hablar de eventuales radiaciones; pero es más común la relación por analogía.

El péndulo puede asumir tres tipos de movimiento:

1. Oscilación según la dirección que une el objeto sobre el que se realiza la búsqueda con aquel que sirve de testigo.

2. Oscilación o rotación convencional, que indica si hay correspondencia o no entre el testigo y la cosa.

3. Movimientos particulares convencionales, relacionados entonces con una idea, que por lo tanto podremos considerar como testigos de la idea misma.

En las búsquedas radiestésicas podemos distinguir tres casos:

a. Lo que se busca está preestablecido y un testigo puede confrontarse con una serie de muestras, directa o indirectamente.

Por ejemplo: las búsquedas de metales sobre muestras de roca, la comprobación del sexo en una serie de pollitos, la búsqueda de metal o agua sobre un plano o croquis de un terreno, la localización de la enfermedad sobre el cuerpo por medio de una fotografía.

Planos, croquis o fotografías pueden considerarse testigos, dado que cada punto sobre el papel está ligado a la idea de un lugar preciso y la serie de lugares representa la serie de muestras en la búsqueda.

b. Lo que se busca no está preestablecido, pero se sospecha que esté comprendido en una serie de caracteres y las muestras de estos caracteres se confrontan con la cosa sobre la cual se efectuará el reconocimiento.

En este grupo se incluyen casos como la comparación de un trozo de roca con varios metales para encontrar cuál de éstos coincide con su composición química; la búsqueda de enfermedades o de un síntoma mediante los gráficos realizados en abanico. En este caso el péndulo se ubica en el centro de las líneas y orienta su oscilación de manera paralela a la línea que tiene en el extremo el testigo del carácter buscado.

Debe tenerse en cuenta la necesidad de una línea cero para marcar la ausencia de todos los caracteres sospechados.

c. Sólo se conoce que existe una analogía entre la cosa en examen y uno de los testigos de la serie.

Estas son las búsquedas, por ejemplo, de una muestra de tierra apta para una semilla dada, o de una medicina, en una serie, adecuada para un enfermo del cual se ignora la enfermedad.

Lo que parece más extraño en la búsqueda mediante testigos es que el objeto del reconocimiento radiestésico pueda ser una característica surgida en la cosa en examen cuando ya se ha interrumpido todo nexo entre ésta y su testigo; así, debe considerarse que no es evidente una relación analógica entre el testigo y el carácter surgido en la cosa buscada.

En efecto, se puede buscar una enfermedad actual, una ubicación, la posición de individuos o de cosas, utilizando una foto, un escrito, o cualquier otro testigo, incluso si tiene mucho tiempo o que fuera tomado o realizado antes de que se estuviera buscando su homólogo.

¿Cómo puede el radiestesista, llamando a la persona y a la cosa en sus atributos conocidos, saber también aquellos ignorados por él y que surgieron después de la cesación de toda relación con el testigo?

Algunos atribuyen este hecho a la emisión, de los objetos y las personas, de una emanación particular que quedaría, de alguna manera, en las cosas con las cuales está en contacto y que variarían según las vivencias y las modificaciones episódicas del objeto emisor; o viceversa, esta emisión, con sus variaciones, sería capaz de orientar el devenir del objeto emisor hacia una cierta probabilidad de eventos.

Así se explicaría cómo al volverse líquida la sangre de San Genaro en la ampolla, el fenómeno también pudo verificarse con las gotas de la misma sangre a kilómetros de distancia.

Esta teoría tiene el defecto de ser sólo una suposición y no adaptarse ciento por ciento al caso que quisiera explicar.

Debe recordarse que el testigo también puede ser un nombre, color, música o cualquier cosa que no ha tenido ninguna relación o contacto con el objeto.

La sospecha de que tal tentativa de explicación pueda corresponder a la verdad en una parte de los casos, aún podría motivar una interesante orientación experimental.

Puede buscarse otra explicación para el caso en cuestión y los problemas del conocimiento paranormal, en un enlace telepático con quien conoce los nuevos caracteres de la misma cosa, enlace provocado o facilitado por las nociones resaltadas por parte del testigo en conjunto con el radiestesista.

Se considera también que, eventualmente, la facultad mnemónica puede traer información de fuentes diversas a las del organismo en el cual se manifiesta.

Incluso podría pensarse que la noción buscada se haya manifestado al inconsciente mediante propiedades de recepción que surgen de las leyes del tiempo y del espacio, como harían creer los fenómenos de premonición.

Los cuadrantes y su uso

Hemos hablado de testigos y señalamos cómo el testigo también puede ser un simple nombre que le permita al radiestesista percibir la esencia de la cosa buscada.

Si aplicamos este concepto, podremos dibujar esquemas simples con la inscripción de varios materiales o cualidades, de manera que forme una serie de testigos: nuestro inconsciente sabrá escoger el testigo necesario para el objetivo.

El término técnico para designar esta práctica es el cuadrante.

El cuadrante consiste en un círculo dividido en varias partes y cada una de ellas indicará una característica o un objeto.

Este recurso tiene numerosas aplicaciones, y puede emplearse con éxito en las búsquedas de índole médico y en las indagaciones sobre el carácter.

Lo que se presenta a continuación es puramente indicativo, pues casi siempre cada radiestesista construye por sí mismo el cuadrante que necesita, según su criterio.

DaVinci atribuía esta práctica a los mandala, figuras que estimulan el inconsciente del ser humano para despertar la percepción extrasensorial.

Su uso es muy simple; se hará oscilar el péndulo sobre el cuadrante formulando como siempre la pregunta en la mente.

Por ejemplo, si se está buscando una característica de alguna persona, se dispondrá de un cuadrante con las características requeridas; el péndulo oscilará y las preguntas se formularán como siempre: "¿La persona examinada es tranquila?". Si el péndulo tiene un giro positivo, la respuesta será sí. Una vez aprendida la técnica, no se necesitan más detalles.

Algunos radiestesistas usan como indicador su propia mano que se desliza sobre el cuadrante, mientras con la otra sostienen el péndulo. Ambos métodos son efectivos: pero es necesario que el momento de la búsqueda se desarrolle desde el nivel inconsciente.

En este tipo de búsquedas es mejor operar en absoluta calma y tranquilidad, preferiblemente solos. Así se excluirán las influencias telepáticas de los consultantes que –a nivel inconsciente– son emergentes. Además de las influencias telepáticas, también deben tenerse presentes las expectativas de los consultantes, quienes podrían invalidar el veredicto.

Conocemos radiestesistas que hacen estas búsquedas exclusivamente por carta o a través del teléfono. Naturalmente no queremos decir con esto que los riesgos de influencia desaparezcan, pero sin duda se disminuirán.

Presentemos algunos esquemas de cuadrantes:

1. El cuadrante clásico del hombre astronómico, usado para búsquedas médicas (figura 18).

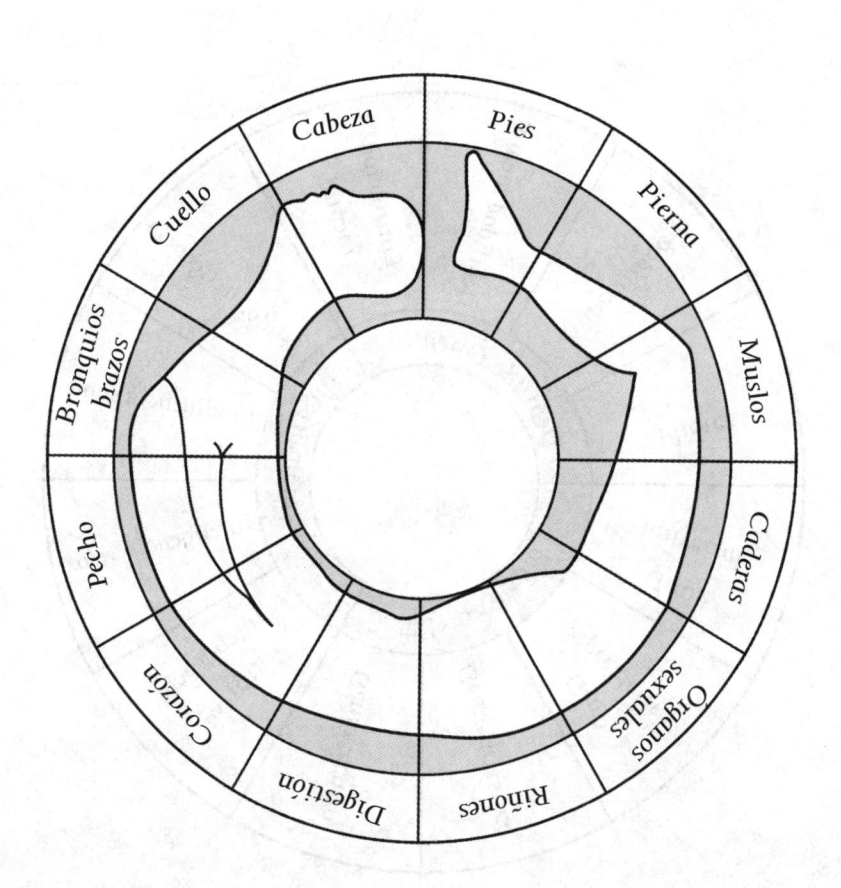

Fig. 18

2. Cuadrante de la inteligencia (figura 19).

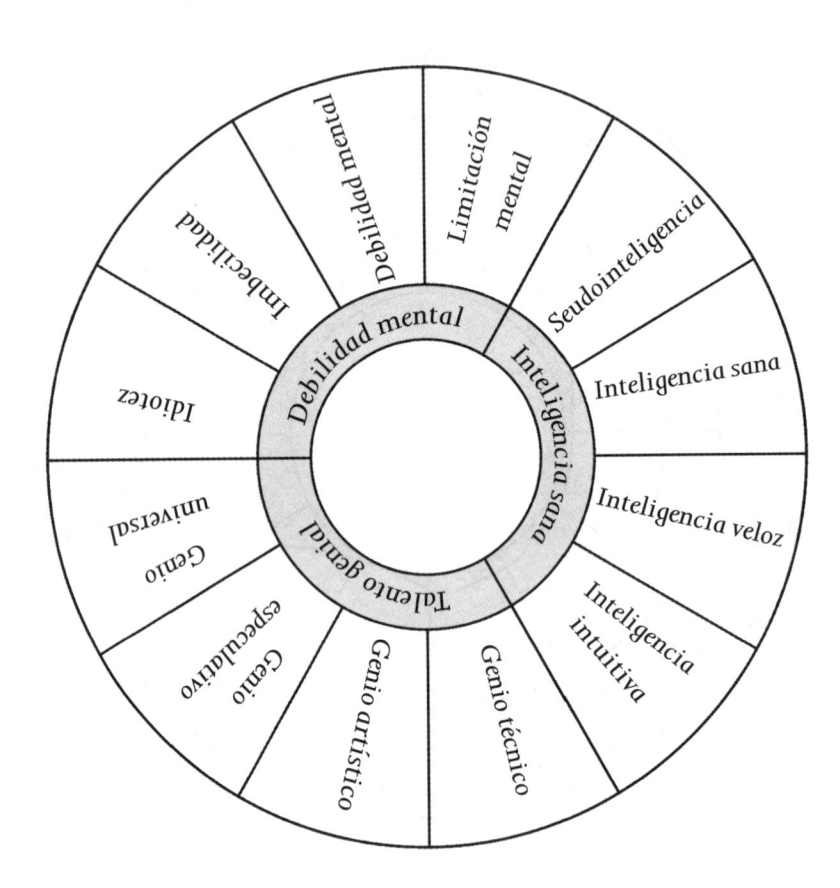

Fig. 19

3. Cuadrante de la esfera psíquica (figura 20).

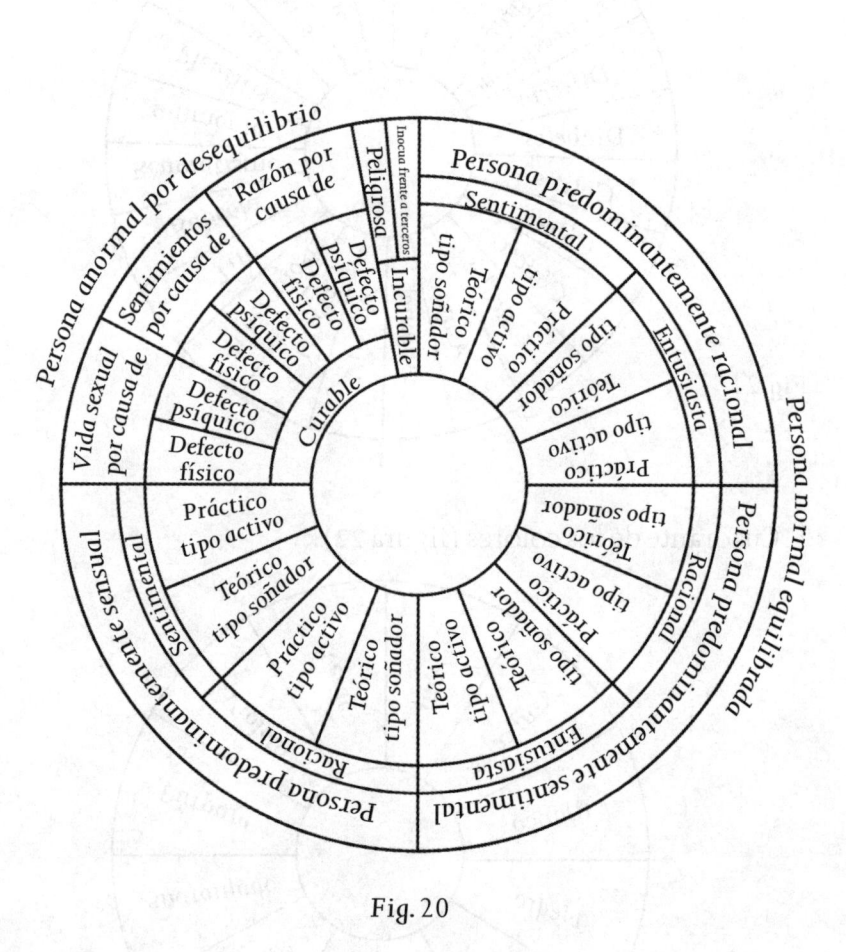

Fig. 20

4. Cuadrante de las enfermedades (figura 21).

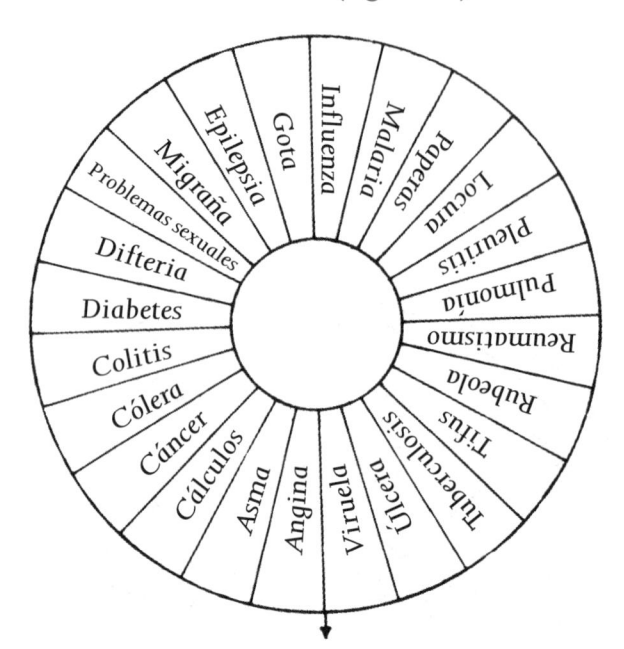

Fig. 21

5. Cuadrante de los colores (figura 22).

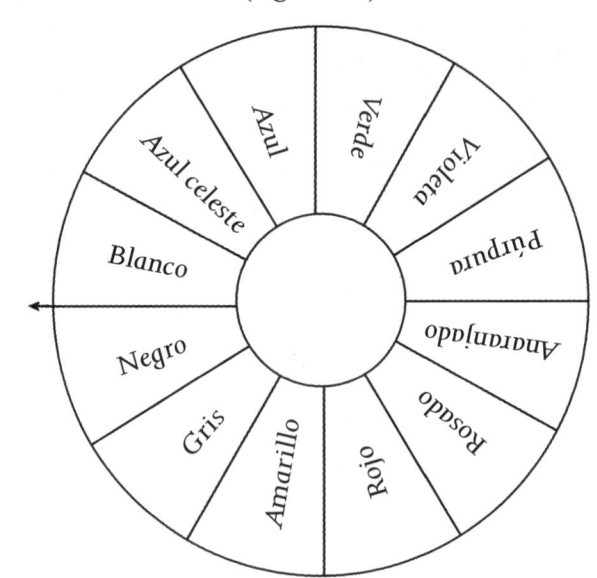

Fig. 22

Las búsquedas hídricas

La necesidad del ser humano de encontrar agua, elemento indispensable para la vida, ha motivado el estudio de las exploraciones hídricas por medio de la rabdomancia y de la radiestesia.

Remitiéndonos a la teoría del profesor Rocard sobre la variación del campo magnético terrestre, recordamos que el organismo percibe tales variaciones.

Para orientar correctamente la búsqueda, debe formularse la pregunta de manera precisa: "¿Hay agua?".

Se podría afirmar que la respuesta del péndulo siempre será positiva, dado que el agua está en todas partes bajo la tierra. Sin embargo, el problema es la profundidad de las faldas acuíferas y la calidad del agua. Entonces, la búsqueda se orienta a delimitar el punto más favorable para excavar un pozo, de manera que la fuente tenga un chorro constante de agua.

Indudablemente, el investigador se favorece en su búsqueda si tiene nociones de la estratigrafía del terreno, puesto que en este caso su organismo ya está "calibrado" respecto al problema que debe resolver.

El medio aconsejado para la búsqueda es el del testigo, incluyendo la determinación de la pureza del agua.

Pietro Zampa, le aconseja al radiestesista usar la vara en cambio del péndulo, pues ésta permite al operador examinar más expeditamente el terreno.

Las corrientes de agua subterránea, según el autor mencionado, poseen líneas de fuerza de la corriente principal, que están representadas por muchas líneas paralelas al curso de la corriente. El rabdomante, después de obtener el primer resultado del medio, marcará una señal en el punto encontrado y continuará su búsqueda moviéndose en el área delimitada por un círculo que tiene como centro el punto encontrado.

Prosiguiendo la exploración, encontrará otro punto en el cual la vara le señalará la presencia de agua. Uniendo los dos puntos encontrados, podrá determinar el ancho del curso de agua (figuras 23a y 23b).

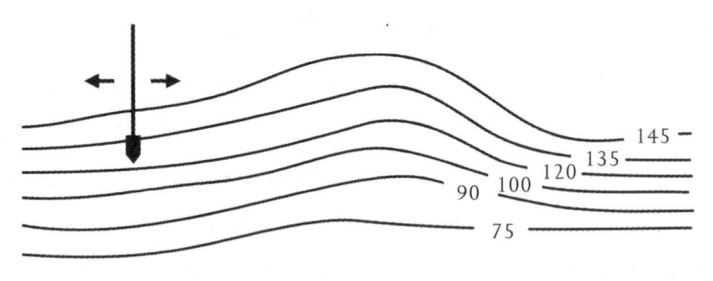

Fig. 23 a

Respecto al problema de la profundidad del agua, no se pueden fijar criterios bien definidos: cada rabdomante tiene su método personal. Para este propósito será útil recurrir como siempre a las convenciones mentales.

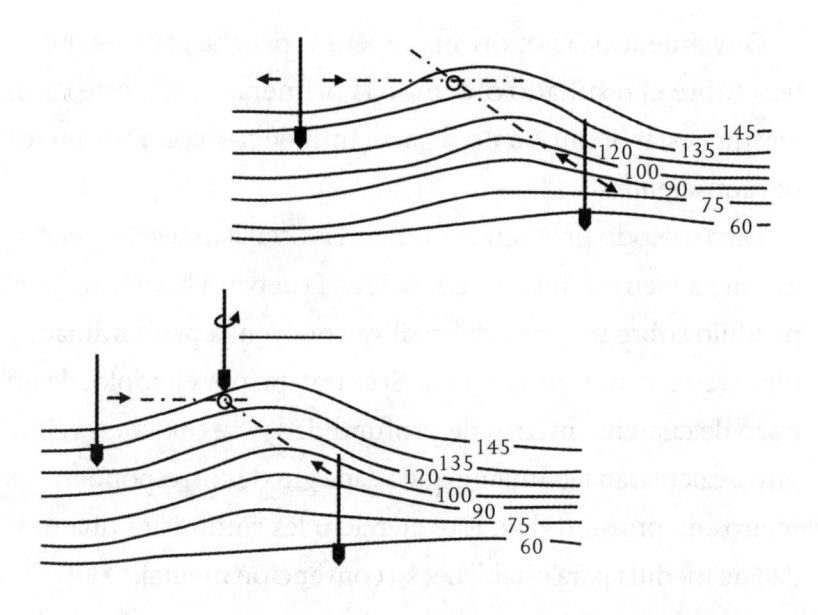

Fig. 23 b

En este tipo de búsquedas también aconsejamos el uso del péndulo: utilícenlo de la manera acostumbrada, pero tengan presente en su mente que solucionado el problema de la ubicación de la fuente acuífera, debe resolverse un problema de orden cuantitativo respecto a la cantidad y profundidad de la fuente de agua.

La convención recomendada es: a un número determinado de giros del péndulo corresponde una medida. Se asignará a cada giro del péndulo el valor de un metro, para determinar la profundidad de un metro cúbico (y determinar así el caudal).

Puesto que las oscilaciones del péndulo son continuas, no es oportuno detener el medio para empezar a contar; bastará hacerlo, después de haberse formulado mentalmente la pregunta. Cuando alcance la medida exacta, el péndulo cesará de oscilar.

Obviamente será oportuno repetir la prueba para tener certeza sobre el resultado obtenido la primera vez. En este caso, hay que estar atentos a no dejarse influenciar con presunciones conscientes.

Otro método práctico es calibrar las oscilaciones del péndulo con base en medidas ya conocidas. Prueben a hacer oscilar el péndulo sobre un pozo del cual ya conocen la profundidad, y observen cuántos giros realiza. Si se tratara, por ejemplo, de un pozo de cuarenta metros de profundidad, y se obtienen veinte giros, calcularán fácilmente que a cada giro le corresponden dos metros de profundidad. Este ejercicio les suministra una unidad de medida para establecer su convención mental.

Leyendo los viejos textos de radiestesia, encontrarán las discusiones existentes sobre los rayos fundamentales, los rayos solares y las series. Pero, para nosotros, no es necesario volver difícil y aburrida una práctica que es de por sí simple; entonces no los complicaremos con estas nociones teóricas que incluso podrían alejarlos del ejercicio de la radiestesia.

No obstante, consideramos oportuno citar la definición de los rayos. Esta nomenclatura se deriva directamente de los estudios del abate Mermet, fundador de la teoría fisicalista:

Rayo fundamental es un rayo que parte del objeto y cuya dirección tiene una inclinación constante respecto al plano horizontal. Su longitud es proporcional a la masa del objeto.

Rayo mental es un rayo particular que conecta al objeto con el radiestesista. Es como si del objeto mismo emanara un rayo directo al cerebro del individuo, rayo que permite hallar el objeto buscado y también determinar su naturaleza, profundidad, etc.

Rayo luminoso o *solar* es el que une el Sol y el objeto. La teoría de los abates Bouly y Mermet establece que el péndulo y la vara actúan en proximidad de este rayo.

Rayo testigo es el rayo que emite cada sustancia en presencia de una sustancia análoga.

No insistimos más sobre estos aspectos del tema que nos ocupa, pues las teorías, que permanecen invariables, son de gran complejidad y no pueden considerarse válidas para todos los casos.

Las búsquedas sobre la mesa

Esta técnica, que es la aplicación práctica y típica más allá de los límites del espacio y del tiempo, es el resultado al cual queríamos llegar.

No hemos hablado de radiaciones, atrayendo de este modo las críticas de los seguidores de las teorías fisicalistas, pero hemos hablado de percepciones extrasensoriales.

El cuerpo y sus sentidos pueden considerarse la expresión física del mundo psíquico que no conocemos; por este motivo, la mente puede operar más allá de los límites físicos impuestos a ella.

El mundo psíquico es extenso y comprende globalmente los dotes de la racionalidad y de la imaginación; por esta razón, consideramos que la radiestesia a distancia pueda constituir el uso más viable para una técnica moderna.

Para el individuo es esencial abstraerse y crear en sí mismo las condiciones óptimas para permitirle al inconsciente desarrollar su acción.

Probemos hacer una exploración con el uso de un mapa topográfico que tiene como función visualizar el lugar. En ese momento ustedes se encontrarán como transportados al lugar representado y su cuerpo logrará reaccionar a todos los estímulos, como si efectivamente se encontrara en el sitio.

Imaginen ahora que caminan y traten de comprobar si pueden encontrar la zona, a nivel de percepción física. Entonces orienten el mapa para ubicar la zona de modo real, y empiecen a operar.

El término usado para indicar esta técnica es telerradiestesia, término acuñado por el francés Emile Cristophe y retomado posteriormente por Mermet.

Según Cristophe, un mapa o una fotografía poseen una relación de simpatía con el objeto real: esta relación transporta consigo las disposiciones específicas de la particularidad que ella representa.

Cuando se piensa en un lugar o un objeto que se conoce, se forma una imagen relativamente fiel en el espíritu y el pensamiento se dirige de manera real e instantánea hasta ese lugar y ese objeto, cualquiera sea la distancia.

Si se piensa en un objeto o un lugar desconocido, en el espíritu se forma un cuadro imaginario, a veces inexacto, cuya formación puede ser influenciada por recuerdos o razonamientos analógicos, pero el inconsciente realiza inmediatamente el contacto.

El pensamiento, en este caso, funciona como un estimulador de recuerdos, el mapa y los otros objetos sirven sólo para poner en marcha el proceso de concentración.

Volvamos a nuestro experimento. Frente a un mapa topográfico, nos ponemos la tarea de encontrar agua en la zona representada.

Al comienzo orientamos el mapa de manera que se cree una representación, lo más fiel posible de la realidad, entre nuestra posición física y la disposición de la zona. Entonces comenzamos a hacer oscilar el péndulo sobre uno de los ángulos del mapa y vemos cuál dirección toma el movimiento; una vez encontrada, debe señalarse con una línea. Repitamos la misma operación sobre el otro ángulo del mapa, trazando una segunda línea: el punto de encuentro de las dos líneas trazadas indicará la posición buscada.

Es recomendable obtener una confirmación del resultado, lo cual se podrá verificar ubicando el péndulo sobre el punto obtenido y formulando la pregunta "¿hay agua?".

Además de las exploraciones hídricas o mineras, esta técnica se usa a menudo en las búsquedas relativas a la persona; en este caso, se utiliza como testigo una fotografía.

Al respecto, las preguntas que se formulan usualmente son las más variadas: ¿se puede hacer búsquedas sobre la existencia o la muerte de una persona?, o ¿puede buscarse el lugar donde se encuentra?

A propósito de lo anterior, queremos contar un caso que consideramos notable, que nos ocurrió y que puede ser confirmado por los mismos interesados.

Una familia se acercó al Centro de Radiestesia a consultarnos por su hijo de diecisiete años, del cual no sabían nada hacía cerca de un mes, cuando había desaparecido y no se conocían noticias suyas.

Los miembros del Centro, a través de la foto del muchacho, habían procedido a la búsqueda cada uno por su lado y, obviamente, la primera pregunta que ellos se hicieron fue si el joven estaba vivo o no.

Todos obtuvieron el mismo resultado: el muchacho parecía estar vivo. Sin embargo, un factor que les generó escepticismo fue lo ocurrido a un radiestesista, a quien el péndulo a veces le daba señales de vida y otras no oscilaba, dando un resultado que caracterizaba un estado de indiferencia, un estado neutro.

Puesto que este radiestesista era de probada experiencia, la atención de todos se focalizó en esta extraña señal de la búsqueda y nuevamente se les consultó a todos si era posible obtener una explicación para este hecho.

Las preguntas formuladas eran de naturaleza diversa, pero la necesidad aguza el ingenio y la primera cosa que se hizo fue analizar la personalidad del sujeto.

El muchacho poseía una personalidad inestable y fácil de ser influenciada, lo cual fue confirmado por sus familiares.

El péndulo seguía dando informaciones sobre la supervivencia del joven y un radiestesista preguntó mentalmente si el estado psíquico del sujeto aún se encontraba íntegro.

La respuesta que obtuvo nos dejó maravillados a todos; el estado psíquico era del todo nulo como si el muchacho actuara por fuera de su voluntad.

La segunda pregunta tenía que ver con el lugar donde el sujeto se encontraba. Se recurrió al uso de un mapa geográfico y se encontró un sitio que el péndulo indicó exactamente.

A pesar de todos los esfuerzos que los sensitivos hacían en la búsqueda, no se lograba obtener ningún otro resultado.

Los padres del muchacho, menos desanimados que antes, les agradecieron a los operadores y prometieron darnos noticias sobre el desarrollo posterior de la investigación.

Algunos meses después, el muchacho fue encontrado por un investigador privado, el cual usó las indicaciones obtenidas a través de los radiestesistas.

La situación confirmó las suposiciones de los radiestesistas: el muchacho efectivamente se encontraba en Milán, infortunadamente entre un grupo de drogadictos, y a esto se refería el estado de inercia indicado por el péndulo.

Radiestesia médica

Cuando se habla de radiestesia médica o de la aplicación de la radiestesia en el campo médico, debe tenerse presente el concepto de armonía. Armonía de las cosas, armonía del ser humano, equilibrio del estado psíquico y físico del individuo.

El ser humano es una máquina maravillosa, pero, precisamente como máquina, está sujeta a dañarse, y entonces se desarrolla la enfermedad.

Sería oportuno remitirnos a las teorías del yin y del yang, tan apreciadas por cierta corriente literaria, también de carácter parapsicológico, para dar cuenta exactamente de lo que queremos decir.

Sin embargo, consideramos que este punto merece otro texto y nos limitaremos a decir que el yin representa el agua, el espíritu, el frío, la mujer, y el yang representa el fuego, la materia, el calor, el hombre.

Este par comprende por completo al mundo subjetivo y objetivo, y constituye el binomio universal que está en la base de todas las entidades: lo material y lo espiritual (figura 24).

Fig. 24.

Los diagnósticos realizados con la ayuda del péndulo tienen como objetivo determinar dónde hay una desarmonía en el cuerpo.

El procedimiento es muy simple. Basta que el radiestesista se acerque al sujeto que va a examinar, y que toque los distintos órganos con una mano, mientras con la otra sostiene el péndulo. En este caso, la convención mental establecida es que el péndulo deba girar en sentido horario si el órgano está sano y en sentido contrahorario si está enfermo: de este modo será fácil individualizar los órganos o los puntos enfermos del cuerpo.

Para desarrollar este uso particular del péndulo es oportuno tener al menos las más elementales nociones de anatomía humana, pues así el objetivo propuesto se alcanzará más fácilmente.

Vale la pena mencionar que la exploración con fines diagnósticos no debe usarse sustituyendo los diagnósticos médicos tradicionales, sino de manera paralela a éstos.

Los casos en los cuales puede diagnosticarse una enfermedad antes de que ésta manifieste sus síntomas son particularmente interesantes y se presentan con frecuencia; esto demuestra cómo a nivel inconsciente se puede identificar el mal aun antes que se haya desarrollado del todo.

A propósito de lo anterior, contaremos una anécdota que le ocurrió recientemente a un amigo radiestesista.

Una señora que quería ser tratada por el radiestesista fue a buscarlo en compañía de una amiga y, después que la consulta se terminó, la amiga, por curiosidad, solicitó una cita.

El radiestesista hizo la exploración y se dio cuenta de que el péndulo indicaba señales de enfermedad a nivel del abdomen y con más precisión, a la altura del estómago. Él le preguntó a la señora si presentaba trastornos en el estómago, pero la señora aseguró no haber estado nunca tan bien como en aquel período. El radiestesista, no convencido, probó de nuevo, y los resultados fueron los mismos de antes.

La señora se fue con la firme impresión de haber asistido a una célebre payasada.

Algunos días después empezó a sentir dolores y trastornos de carácter digestivo. Acordándose de los resultados de la visita radiestésica, se hizo algunos exámenes que revelaron una úlcera en estado avanzado. La señora pudo recuperar la salud: la radiestesia le había ayudado a intervenir a tiempo.

Algunos radiestesistas, en cambio de realizar la experiencia frente al paciente directamente, prefieren servirse de cuadrantes, usando los que representan al ser humano y las enfermedades que tienen que ver con los distintos sistemas del cuerpo.

En este caso, son mayores las posibilidades de interferencia, consciente o inconsciente, así que aconsejamos usar este método sólo cuando se haya adquirido la experiencia necesaria.

Algunos prefieren utilizar representaciones de la figura humana con la indicación de los centros de energía o chakras, pero esta técnica resulta más difícil.

Del diagnóstico a la búsqueda de un método curativo, el paso es corto; sin embargo, no aconsejamos este tipo de búsqueda, puesto que ésta requiere una cuidadosa preparación, incluyendo los conocimientos en el campo terapéutico. En su lugar, consideramos más oportuno indicar un tipo de curación natural que proviene de la alimentación.

En la naturaleza están presentes todos los principios curativos y creemos que si el individuo siguiera una alimentación correcta y sana, no existirían enfermedades.

Por medio del péndulo, también es posible buscar la comida y la bebida apta para el organismo en un momento particular.

Regresando al concepto de armonía, la comida debe ser armónica con el cuerpo; usen el método usual del sí o no para verificar esto. Pongan el péndulo sobre la sustancia examinada y vean si el péndulo les da una respuesta positiva o negativa.

Hace un tiempo, fuimos a una pequeña población cerca de Perugia, donde nos contaron que un sacerdote practicaba la radiestesia con fines terapéuticos.

Cuando llegamos al convento donde el padre operaba, hicimos pacientemente la fila; era mucha la gente que esperaba. Cuando llegó nuestro turno, el padre, un hombre pequeño, con una espesa y desaliñada barba, con mucha gentileza nos pidió acomodarnos. Usaba un péndulo de los más sencillos, de madera torneada, atado a una pequeña cadena.

Empezó el análisis haciéndonos levantar los pies: con una mano tocaba las distintas partes del cuerpo, mientras con la otra hacía oscilar el péndulo respectivamente. Sin duda se basaba en el concepto de las influencias negativas que llevan a un estado de enfermedad del cuerpo.

El lenguaje, de alguna manera, resultaba críptico: él hablaba de influencias maléficas y de *mal de ojo*. Después de que identificó en uno de nosotros un estado de enfermedad, procedió a recitar algunas palabras de carácter místico y posteriormente prescribió varios medicamentos basados en hierbas que él personalmente recogía, para después empacar en preparaciones terapéuticas.

Siguiendo durante un período el tratamiento prescrito por el padre, efectivamente las molestias desaparecieron.

Volvamos a la metodología relativa a la radiestesia médica.

Hemos mencionado el método directo, que consiste en pasar el péndulo delante de los órganos principales del cuerpo; pero el indicador también puede ser constituido por la mano del operador. Por ejemplo, él pasará su mano izquierda como antena delante del cuerpo del sujeto y observará simultáneamente las reacciones del péndulo.

Por otra parte, algunos radiestesistas prefieren, en ciertos casos, usar un testigo del enfermo, llevando a cabo los mismos procedimientos: con la mano izquierda sostienen una mano del sujeto o un testigo suyo (orina, cabellos, sangre, una foto, o un objeto personal), mientras el péndulo, sostenido en la mano derecha, oscila sobre un mapa anatómico.

El péndulo y la escritura automática

Introduzcamos aquí un breve paréntesis en nuestro tratado, puesto que el péndulo puede usarse fácilmente para sustituir la *planchette* o tabla para experiencias de naturaleza paranormal más complejas, como las de la escritura automática.

El método usado es el descrito atrás. Se utiliza un cuadrante circular, que tiene indicadas todas las letras del alfabeto y las palabras "sí" y "no" (figura 25).

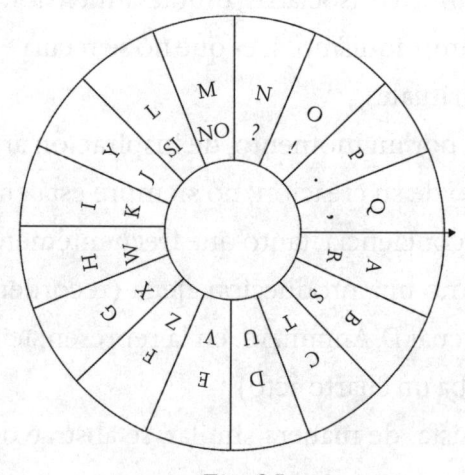

Fig. 25

Debe estar en estado de concentración (vacío mental) y sujetar el péndulo entre los dedos. Se observará que el péndulo pasa de una letra a otra formando palabras significativas.

El movimiento al inicio será lento, pero, con la práctica, será muy rápido.

¿Cómo es posible que se produzca este acto motor inconsciente independiente de la voluntad? El problema siempre ha sido estudiado por los parapsicólogos, quienes han encontrado diversas soluciones, ninguna de las cuales, entre otras, plenamente satisfactorias. Los psicólogos hablan simplemente de delirio de influencia y, por tanto, de disociación psíquica.

El ser humano tiene frecuentemente necesidad de términos, definiciones, para su propia seguridad psicológica y poder imponerse a los otros a toda costa. Sin embargo, estos términos no son una explicación sino una simple y, a menudo, arbitraria definición de algunos fenómenos. En este momento se habla de inconsciente colectivo, de conocimientos residuos, de personalidades alternantes o disociadas, quinta dimensión, percepción subliminal, pampsiquismo, si es que no se recurre al auxilio de doctrinas espirituales.

Hablemos, por un momento, de inspiración artística. El artista, en el acto de su creación, no siempre está en sus facultades plenas de conciencia, tanto que frecuentemente ve la obra terminada como una producción ajena (recordemos la anécdota según la cual D'Annunzio, en la representación de la *Hija de Iorio*, esperaba un cuarto acto).

El radiestesista, de manera similar, se abstrae de la realidad contingente, ya no es él. Se establece, entre el operador y su otro sí mismo, un juego sutil de preguntas y respuestas, la mayoría de las veces implícitas en la conciencia vigilante, y aún más implícitas en el inconsciente. Se podría hablar simplemente de un fenómeno biológico, aun si es oscuro: de un estado de ser diverso que le permite a la persona exteriorizar de esta manera sus facultades latentes.

Cada uno podrá constatar personalmente que a través de este simple medio es posible obtener resultados de naturaleza telepática, clarividente y precognoscitiva. Éste puede ser sólo el inicio para un mayor desarrollo de sus facultades; en efecto, con el pasar del tiempo, podrá sucederles que notan que obtienen los mismos resultados, aun excluyendo la presencia del medio usado: el péndulo.

No es fácil darse cuenta racionalmente de la situación que se presenta en el nivel inconsciente del operador, lo que podrán confirmar es que el fenómeno se da con visos de absoluta automaticidad: tendrán la sensación de que una energía ajena a ustedes comanda su mano y conduce deliberadamente el péndulo para formar las palabras.

No nos detendremos en tratar más este tema, puesto que hablamos de él en otra publicación, *La psicoescritura*.

La radiestesia como inductor de fenómenos paranormales

Los parapsicólogos han clasificado el fenómeno de la radiestesia dentro de aquellos que pertenecen a la clarividencia.

La rabdomancia es considerada, por algunos, como una forma de hiperestesia, es decir, la acentuación específica de una sensibilidad normal.

El argumento cambia cuando tiene que ver con la radiestesia; en este caso, el factor humano es lo importante, y el péndulo es sólo un inductor que le permite al radiestesista explicar las facultades ESP.

A propósito de lo anterior, Ryzl dice:

"La rabdomancia es una manifestación de ESP en forma de reacciones motrices automáticas, como si el sujeto percibiera con el medio y no con las manos".

La acción del radiestesista consiste en recibir las radiaciones o vibraciones emitidas por los cuerpos y seleccionarlas en función de una experiencia.

Tocquet, opina que el proceso ocurre en el subconsciente del operador y que el radiestesista ejerce una acción de metagnomia.

Los diferentes sistemas que se usan no son otra cosa que sistemas de recepción de los procedimientos que permiten estimular con facilidad las facultades del espíritu.

Sudre es del mismo parecer, pero acusa al radiestesista de querer sustituir a la ciencia médica. En particular, este gran estudioso critica a quienes, practicando la radiestesia, pretenden indicar además de los males, las terapias. En esto estamos completamente de acuerdo, dado que consideramos que es factible individualizar las enfermedades, pero no indicar las terapias. Por otra parte, tenemos noticias de diversos médicos que practican también la radiestesia, y que combinan las dos cosas; esto ocurre particularmente entre los médicos homeopáticos.

La parapsicóloga americana Thelma Moss ha dedicado una especial atención al problema de la radiestesia, realizando estudios sobre la bioenergía; ella considera muy apta la técnica de la radiestesia para evidenciar los campos de bioenergía.

Citamos un fragmento de su obra *La probabilidad de lo imposible*, relacionado con las búsquedas que se realizan en Rusia en este campo:

"El profesor Kashkarov, del Instituto de Tecnología de Tomsk, en 1916, publicó un texto en el cual daba cuenta de las facultades rabdománticas de algunas personas, quienes por medio de una rama de nuez bifurcada podían indicar el lugar donde se encontraba un curso de agua subterránea, sacos de gas o depósitos de minerales".

Vasiliev, el pionero de la investigación parapsicológica en Rusia, escribió:

"Debe reconocerse que se han presentado casos en los cuales los instrumentos físicos no llevan a descubrimientos satisfactorios, mientras el rabdomante realiza la tarea confiada(...). El organismo del rabdomante (por lo que parece) reacciona a cambios de ionización y corrientes eléctricas descendentes(...). Aún permanecen desconocidas las verdaderas razones de las reacciones motrices del rabdomante.

Nosotros no sabemos por qué sólo unos pocos representantes de la raza humana poseen la aptitud de la rabdomancia. Esta exclusividad es característica de los fenómenos parapsicológicos; este hecho obstaculiza enormemente el estudio".

Continuando con el trabajo de Moss:

"El estudio científico más amplio sobre la rabdomancia realizado en Estados Unidos fue publicado en 1971 por los profesores Chadwick y Jensen de la Universidad Estatal de Utha: se titula *The Detection of Magnetic Fields Caused by Ground-Water and the Correlation of such Fields with Water Dowsing* (la elevación de los campos magnéticos causados por las aguas subterráneas y la correlación de estos campos con la rabdomancia).

Los autores comienzan diciendo: 'Son muy pocos los que habrían podido afrontar el problema de la rabdomancia con mayor escepticismo que nosotros'.

Después pasan a referir que las aguas subterráneas pueden causar una perturbación en el campo magnético terrestre; que los instrumentos usados en rabdomancia se utilizan de manera que puedan considerse *amplificadores mecánicos inestables*, y que si fuera posible probar que el cuerpo humano es influenciado por los campos magnéticos, esto podría contribuir a explicar el fenómeno de la radiestesia.

Ellos enuncian la hipótesis que plantea que el cuerpo humano genera pequeños potenciales eléctricos, lo que lleva a preguntarse: ¿el potencial inducido magnéticamente es bastante elevado para causar el movimiento característico de la mano del rabdomante?".

Moss concluye con esta pregunta y con su convicción de que existe una fuerte correlación entre los campos magnéticos y las reacciones de los rabdomantes.

Después de tantos pareceres ilustres, observamos que, como siempre, lo importante no es el objeto sino el radiestesista.

Las reacciones fisiológicas del radiestesista activan relaciones físico-psíquicas y éstas generan el estado de gracia.

Consultando textos de comienzos del siglo XX, se destaca que los teóricos usaban el término *electrometría*. Estamos en los tiempos de Galvani y del descubrimiento de la electricidad, y por tanto hay que seguir la exigencia de dar un término acorde con los tiempos. Así mismo, después del descubrimiento de Guillermo Marconi sobre la radio, se acuñó el término *radiestesia*; y así en cada caso. El futuro nos traerá nuevos términos.

Definimos entonces, la radiestesia como una expresión de lo paranormal, generada por facultades basadas en una sensibilidad neuro-muscular, que mediante un reflejo convencional consciente y haciendo uso del lenguaje interior, hace manifiesto el pensamiento subconsciente a través de la ayuda de un instrumento (péndulo, vara, etcétera).

La definición anterior es el resultado de los planteamientos y definiciones de J. Jurion, decano de los radiestesistas franceses.

Hoy día, revisando las publicaciones de la radiestesia y viendo cómo a menudo los mejores radiestesistas son clérigos (Mermet, Jurion, don Castelli, etc.), es natural preguntarse el porqué de este hecho.

La explicación puede ser simple: el hombre de iglesia ha alcanzado una armonía interior que le permite una mayor objetividad. Él no está trastornado por las cosas de todos los días, no está tenso por los mil problemas de la vida cotidiana y por esto su equilibrio interior es mayor. Su inconsciente es capaz de abrirse más que el de otras personas; lo anterior, unido a la práctica, lleva a estos resultados. Como verán, no es necesario recurrir a una explicación mística que vea tales capacidades como dones de Dios, sino simplemente por el mayor grado de apertura del inconsciente.

Entrevista con un radiestesista: Osvaldo Saccenti

Hemos querido buscar al amigo Osvaldo Saccenti, no sólo para hacerle una entrevista que podamos incluir en nuestro trabajo sino, sobre todo, para pedirle algunos consejos.

¿Quién es, primero que todo, Osvaldo Saccenti? Un experto y apasionado radiestesista.

Saccenti es un hombre de cabellos blancos, delgado y fuma un cigarrillo después del otro; vive en la periferia de Roma.

Nos acoge muy gentilmente en su bella casa, y lo que primero nos impacta en ella son dos enormes estanterías ricas en volúmenes bien ordenados y encuadernados.

Los intereses comunes de investigación nos inducen a ojear juntos varios volúmenes sobre la radiestesia, entre ellos, algunos rarísimos. Entonces, empezamos con nuestra entrevista.

P. ¿Cómo te acercaste a la radiestesia?
R. Tenía cerca de doce años y vivía en la vía Garibaldi. En aquel tiempo la zona no era muy poblada; había aún espacios verdes, con huertas y jardines. Yo acostumbraba corretear y jugar con

mis amigos en esos campos y nos divertíamos mucho capturando salamandras y ranas en los riachuelos vecinos.

Cuando estábamos jugando, a menudo veíamos pasar a un anciano con una campana y una vara en la mano, y esa extraña figura despertaba toda nuestra curiosidad.

Un día, decidimos hacerle alguna pregunta, y él nos explicó que era un rabdomante y la vara era el medio que usaba para encontrar el agua. Cuando se estableció entre nosotros una cierta confianza, después de encontrarnos casi todos los días, él nos mostró cómo su vara casi por magia se doblaba en presencia de faldas acuíferas.

Naturalmente, todos quisimos probar, y yo lo logré inmediatamente y de manera muy acertada. ¡Así tuvo inicio mi carrera de radiestesista!

Durante la guerra en África, donde la necesidad de agua era notable, yo recogí los frutos de las enseñanzas del anciano y encontraba agua para el ejército.

En una de estas búsquedas encontré un oficial alemán, quien movido por las mismas necesidades, buscaba agua con el péndulo. Cuando me vio trabajando, me dijo: "La vara no es muy precisa, el péndulo da mejores resultados".

Yo en aquel período usaba una vara de barbas de ballena que le había comprado a una modista en Trípoli. La primera vez que había usado este medio no había obtenido ningún resultado; en ese momento estaba desprovisto de conocimientos teóricos, había invertido los polos de la vara y, por tanto, no lograba obtener el efecto deseado.

Terminada la guerra, regresé a Italia.

Un día, mientras paseaba por el Campo de Fiori, vi en un puesto callejero de libros usados el libro de Zampa sobre la radiestesia.

Verlo y comprarlo fue una sola cosa. Lo leí ávidamente, de inmediato, y encontré las respuestas a tantas preguntas que me hacía sobre el fenómeno.

Después del de Zampa siguieron otros libros y el resultado fue que abandoné la vara y me convertí al péndulo, observando cómo este medio respondía de manera precisa a las preguntas que yo formulaba.

El encuentro con otros radiestesistas me llevó al Centro de Parestesia, en aquella época Centro de Radiestesia.

Conocí a Enrico Vinci, quien me invitó a dictar cursos de radiestesia práctica en el Centro y desde entonces empezó mi colaboración con las actividades del mismo.

P. ¿Qué es, para ti, la radiestesia? ¿Un fenómeno de naturaleza puramente física o de naturaleza psíquica? Chevreul, por ejemplo, atribuyó el movimiento de la vara rabdomántica o del péndulo a los movimientos musculares inconscientes del operador. ¿Tú qué piensas?
R. Lo que dice Chevreul puede ser sólo el inicio de una larga explicación. El factor psíquico es el elemento esencial y el péndulo no hace otra cosa que evidenciar una reacción psicofisiológica del organismo.

Pongamos el caso de la exploración de un terreno para ver si hay ciertos minerales. El radiestesista es capaz de proceder a la búsqueda y funciona como revelador de "radiaciones". Esta palabra no me gusta mucho, pero debo usarla porque no tengo otras a disposición. Radiación, decía, que se presume sea emitida por cada cuerpo, pero que no se percibe con los cinco sentidos; recurrimos entonces a otros sentidos.

P. ¿Pero, de qué sentidos hablas?
R. Un sentimiento de malestar, que se advierte cuando no estamos bien, no puede ser enmarcado en ninguno de los cinco sentidos fundamentales; el sentido de la orientación, el sentido de la hora, y así sucesivamente, son cosas que existen en nosotros pero cuya percepción no se realiza plenamente en el nivel de conciencia. Lo importante precisamente es esto: llevar a nivel de la conciencia lo que está a nivel de nuestro inconsciente. En efecto, el péndulo y la vara son sólo los medios para realizar este proceso tan sutil.

P. Del testigo, ¿qué dices?
R. El testigo sirve para estimular, para llamar una sensación en el operador. El radiestesista es una persona muy sensible, capaz de reaccionar a todos los estímulos sensoriales.

Recuerdo una vez que teniendo que buscar agua mineral usaba como testigo agua simple, pero con la convicción de que ésta era mineral. En efecto, la radiestesia mental funciona por exclusión y la imagen mental lleva a la conciencia de la cosa buscada.

La orientación mental es una convención; por tanto es necesario conocer de la manera más precisa posible el objeto de la búsqueda.

Si yo estoy buscando azufre, debo saber en qué forma deberé encontrarlo; podría encontrar pirita o agua sulfatada.

P. Dijiste que habías leído el texto de Zampa y muchos otros; por otra parte, nos has mostrado numerosos libros. Zampa habla mucho de ondas y de polaridad. ¿Qué piensas?

R. Personalmente, estoy en desacuerdo con todas las etiquetas. En África vi a un árabe que buscaba agua mientras caminaba oliendo, como si percibiera el olor del agua. Digo esto para corroborar que la radiestesia es por tanto una facultad indefinible.

Se habló de electrometría en los tiempos de Volta, ondas de radio en los tiempos de Marconi, radioondas cerebrales de Caligari y así sucesivamente. Los términos sirven para entenderse pero, en efecto, no determinan nada.

¿Cuáles ondas se pueden captar haciendo una búsqueda en la mesa?

Vinci acuñó el término percepción de campo; field perception, en inglés, suena mejor.

P. ¿Cuál es la diferencia entre radiestesia y rabdomancia?
R. Las dos técnicas parten del mismo principio; sólo es diferente el modo de operar.

La rabdomancia puede considerarse más como una manifestación espontánea. La radiestesia de la cual hablo es aquella mental, la que puede hacer una búsqueda de diversos estados en los que se puede encontrar la materia. Precisamente por este motivo no es indispensable el testigo.

A veces uso como péndulo las llaves de mi automóvil; considero que estas también satisfacen plenamente mis exigencias.

Digo esto porque considero superfluo el uso de los más disparatados tipos de péndulo.

(El amigo nos muestra entonces su colección de péndulos: vimos también otras de sus herramientas de trabajo, varas de diversos tipos; todo dispuesto muy ordenadamente en una caja apropiada. Volvamos a nuestra conversación).

P. ¿Nunca has realizado experimentos de radiestesia médica?
R. Yo creo en la radiestesia médica como imagen, no como remedio terapéutico. Personalmente, no aconsejo la consulta en este campo, también por la excesiva susceptibilidad del gremio médico. Este asunto implicaría una gran responsabilidad.

Pongamos el caso de que hayan manifestaciones de una cierta enfermedad, el péndulo puede revelar que el órgano no funciona, pero, ¿cuál es la causa de la enfermedad?

Recientemente leí algunos libros en los que se habla de radiónica, un campo de búsqueda interesante pero que merecería considerarse con más atención.

Si un radiestesista quisiera interesarse por la radiestesia médica, sería oportuno que al menos tuviera nociones de anatomía y medicina, además de la sensibilidad adecuada.

P. ¿Qué futuro tiene la radiestesia?
R. La radiestesia es tan antigua como el ser humano y debería decir que quien ha arruinado todo ha sido aquel simplón que, comprado un libro y un péndulo, pretendió hacer experimentos y lograr algo en el primer intento.

P. Y entonces, ¿qué le aconsejas a quien quiere iniciar?
R. El uso de un buen manual puede ser oportuno, pero lo esencial es el ejercicio. Todos pueden probar y todos pueden lograrlo. El

ejercicio afina estas facultades y se requiere el péndulo para evidenciar las percepciones.

P. Osvaldo, nuestra charla infortunadamente llega a su fin, ¿puedes contarnos algunos resultados de tus experimentos?
R. Por supuesto. Me llaman de toda Italia para realizar búsquedas en el campo hídrico y los campesinos me llaman a menudo cuando tienen necesidad de un pozo. Pero esperen un momento...

Nuestro amigo se ausenta por un momento de la habitación, para regresar en breve con una voluminosa carpeta que contiene los testimonios de sus éxitos. Vemos cartas de personas que le agradecen por los resultados obtenidos y muchos mapas topográficos.

Saccenti nos muestra uno de estos mapas topográficos y nos pregunta:

¿Conocen esta zona?

Claro que la conocemos, es Suio Terme.

Y así nos cuenta que hizo búsquedas en campo y también sobre la mesa, mediante el mapa topográfico.

Suio Terme es una localidad del bajo Lacio, región de Italia conocida por sus fuentes termales, famosas desde el tiempo del Imperio Romano.

Saccenti había sido encargado por el dueño de uno de los establecimientos termales de la zona para encontrar una nueva fuente de agua sulfúrea y potenciar con esto la capacidad de los termales.

Por una extraña coincidencia, Suio es el lugar habitual de nuestras vacaciones de verano.

Saccenti, al formularse la pregunta, fue casi a la fija: ¿un caso de ESP?

Así, después del enésimo cigarrillo, nos despedimos de nuestro amigo, uno de los más reconocidos radiestesistas y al cual expresamos nuestros más sentidos agradecimientos, no sólo por el tiempo que nos dedicó, sino también por sus útiles consejos.

Las radiaciones

Carl Reichenbach nació en Stuttgart (Alemania), en 1788, y falleció en 1869. Fue un científico que se ocupó de varias investigaciones, en particular sobre los magnetos y sobre lo que él denominó "fuerza odica", o simplemente OD, manifestación de la materia que puede ser captada y observada por las personas con facultades paranormales.

Reichenbach observó que una persona con estas facultades, en la oscuridad, era capaz de ver una luz que provenía directamente de los objetos, de las cosas. Aquí hablamos de las auras psíquicas, mencionadas en los textos de ocultismo.

Reichenbach dividía a los seres humanos en dos clases: los sensitivos y los no sensitivos. En su libro *Letters on OD and Magnetism*, publicado en 1852, describe diversos experimentos para determinar la sensibilidad en los individuos.

Uno de éstos, en particular, nos llamó la atención. Él hacía observar unos cristales a los sensitivos, quienes tenían una sensación de frío poniendo las manos sobre el objeto y al mismo tiempo del objeto se hacía visible un humo de color rojo-amarilloso.

Se realizaron numerosos experimentos con la ayuda de sensitivos y Reichenbach observó también cómo reaccionaban ellos al contacto con un imán.

La influencia del polo positivo de un imán produce una sensación fresca y placentera en la mano, mientras el polo negativo produce una sensación de calor y desagrado. En la oscuridad, ambas extremidades del imán pueden ser observadas por un sensitivo, con un aura azul en el polo positivo y con un aura amarillo-rosácea en el polo negativo.

Estas investigaciones de Reichenbach son importantes por la influencia que han tenido en el desarrollo de los estudios posteriores. Recordemos toda la experimentación con la cámara Kirlian, que en este período ocupó a numerosos investigadores.

El cuerpo humano emana radiaciones: de la punta de los dedos salen proyecciones luminosas y se ha observado cómo los colores varían en las diferentes partes del cuerpo, además de estar relacionados con el estado de salud de la persona (fluido de los sanadores)[3].

La parte derecha del cuerpo emana una luz azul y la parte izquierda emana una luz rojo-amarillosa.

En radiestesia médica es posible darse cuenta de ello, suponiendo previamente una polaridad del cuerpo: la parte derecha será la parte positiva y la parte izquierda la negativa.

Reichenbach concluye que toda la naturaleza de la vida orgánica se conforma según la OD, una fuerza que de cualquier manera explica el magnetismo animal y también la radiestesia.

---

3 *Véase* a este propósito, el libro de Gennaro, Guzzon, Marsigli: *La foto Kirlian, ricerche e prospettive*, Ediciones Mediterranee, Roma.

Baines, en su libro *Estudios de electrofisiología* escribe:

"Nosotros sabemos que el hombre es una máquina neuroeléctrica autocontrolada y dependiente de sus funciones, que envía constantemente energía nerviosa de baja potencia; esta energía nerviosa se genera en el cuerpo con cada inspiración y el impulso nervioso es neuroeléctrico y no químico".

Reichenbach y Baines nos demostraron dos cosas. El primero, a través de sus experimentos, confirmó el aspecto no material del ser humano mediante las manifestaciones del aura, la diferenciación del aura y la polaridad de las distintas partes del cuerpo.

Más recientemente se demostró con el péndulo que cada parte del cuerpo está polarizada respecto a otra y la extensión del aura puede delimitarse con el uso del péndulo.

Podríamos afirmar que el aura de una persona puede representar una especie de fuerza radiestésica, un campo de fuerza.

Baines examinó el aspecto eléctrico de la vida y llegó a la conclusión de que la electricidad desempeña un papel importante en la vida celular y que el fenómeno magnético es un principio fundamental en toda la vida orgánica.

Lo anterior, lo corrobora G. Lakhowsky, quien asevera que la existencia biológica es básicamente un fenómeno eléctrico y que el cuerpo sano no es más que el resultado del equilibrio dinámico de las células.

La combinación de los descubrimientos de los dos estudiosos llevó a una posterior especialización del proceso radiestésico: la radiestesia se desarrolla a la par con la ciencia.

El doctor Albert Abrams fue el primero en usar un instrumento para diagnosticar y tratar las enfermedades. Este instrumento adopta los sistemas radiestesicos y el término acuñado para indicar esta técnica es la radiónica.

Para hablar de radiónica es oportuno entonces dejar la palabra a un experto sobre el tema, Roberto Volterri, muy conocido por sus trabajos sobre la psicotrónica.

La radiónica: ¿radiestesia de frontera?

Por Roberto Volterri

Los campos vitales

¿Qué es la radiónica? Para responder a esta pregunta, debemos empezar afirmando que toda la materia posee un modelo energético propio, y que este modelo puede influenciar, a distancia, modelos análogos, y ser influenciado.

En verdad, creo que tal asunto no difiere de la realidad objetiva, considerando –de modo particular– las búsquedas iniciadas en 1935 en Rusia, sobre el llamado efecto Kirlian.

Espero que este efecto sea conocido por los lectores; por tanto, es oportuno ahorrar tiempo y espacio en las respectivas explicaciones.

En cambio, es interesante –con el fin de introducir después el concepto de *radiónica*– examinar el concepto de *campo*, profundamente ligado a aquel de modelo energético ya citado.

"Pero, ¿qué es un campo? —se pregunta E. W. Russell, abordando este tema en su *Relación sobre la radiónica* (1977)—. Por extraño que parezca, la ciencia sabe bastante sobre lo que hacen los campos pero no sabe qué son".

Infortunadamente, esta afirmación es válida en gran parte de las aparentemente banales verdades científicas. Basta, por ejemplo, pensar en la atracción gravitacional: hoy ninguno se sorprende realmente (¡tal vez se sorprendería de lo contrario!) si una piedra sostenida en la mano se suelta y cae al suelo.

La anterior es una demostración clara de que existe una interacción (campo) entre la piedra y la Tierra: el problema es que nadie hasta hoy ha podido descifrar su naturaleza exacta.

Se han presentado varias hipótesis (gravitrones, etc.), pero ninguna, hasta hoy, ha explicado de manera convincente por qué dos objetos se atraen en razón directa del producto de sus masas e inversamente al cuadrado de la distancia recorrida entre ellos.

¡Entonces esto ocurre desde que el mundo es mundo!

Infortunadamente (digo infortunadamente no por queja, sino pensando en el resquebrajamiento provocado en el edificio de la física y la biología modernas, con la introducción de conceptos nuevos y revolucionarios, como los de *campo electrodinámico vital* o de *cuerpo de plasma biológico*), este acontecer es válido también en otros sectores de la ciencia: particularmente en aquella ciencia de frontera que aún es la parapsicología.

Pero volvamos atrás por un momento para examinar más de cerca lo que se entiende por campo, desde el punto de vista radiónico.

La idea de campo –en esta óptica– fue desarrollada en 1956 por Wassermann, docente de física teórica de la Universidad de Dirham (EE. UU.) quien expuso sus ideas en un ensayo titulado *Esquema de una teoría del campo en la forma y el comportamiento orgánico*.

Haciendo eco a los conceptos ya expresados por la física cuántica, él formulaba la hipótesis de la existencia de una serie de campos sobre los cuales estarían basados todos los fenómenos vitales, incluidos aquellos considerados paranormales.

Entonces existirían los campos B, ligados a los varios fenómenos psico-físicos normales y los campos PSI, ligados a los fenómenos de percepción extrasensorial (posteriormente Russell introdujo también el concepto de campo T, del inglés *thought*, pensamiento, para racionalizar las experiencias ESP, telepáticas especialmente).

Estas últimas, en particular, serían "…no físicas, no espaciales, y pueden atravesar el espacio; pueden asumir cualquier forma, desde la de un microscópico campo adherido a una célula cerebral, hasta la de un campo que se extiende infinitamente en el espacio".

Es obvio, como anotaba anteriormente, que estas audaces teorías ligadas a los conceptos de tiempo, espacio, materia y energía, se acogieran con cierta dosis de escepticismo (¡para usar un eufemismo!) por parte de la ortodoxia científica.

Infortunadamente (en la acepción dada previamente a este término), es innegable la existencia de estrechas interacciones entre un objeto (o mejor, entre el campo a él asociado) y otro objeto de la misma naturaleza (testigo radiestésico) o entre éste y su representación (fotografía o imagen mental).

Después de presentar una idea general de los llamados campos ligados a fenómenos biofísicos, regresemos a nuestra radiónica.

Los orígenes

Se puede decir que la radiónica nació a comienzos del siglo XX, cuando el joven doctor Albert Abrams observó en Nápoles (Italia), cómo el célebre Caruso, después de haber dado un ligero golpe con el dedo a una copa de cristal para hacerla vibrar a una cierta frecuencia, logró –emitiendo una nota de la misma frecuencia (¡con la voz que podemos imaginar!)– ¡hacer trizas el vaso!

Este episodio, probablemente auténtico, suscitó tal impresión en el joven Abrams que despertó en él la idea de encontrarse frente a un principio fundamental: la resonancia, aplicable de modo particular al diagnóstico y la terapia de varias enfermedades.

Después de interesarse en algunos aspectos poco ortodoxos de la medicina y de la biología (frecuentó a Heindelberg, De Sauer, predecesor de Gurwitsch en los estudios sobre las radiaciones mitogenéticas), Abrams fue nombrado profesor de patología de la Facultad de Medicina de la Universidad de Stanford. Allí aplicó, en el campo diagnóstico, el arte de la percusión (recordando aquel lejano episodio napolitano), en el cual resultó un verdadero maestro.

Su mente, siempre lista a captar los aspectos más insólitos de la realidad, meditó un día sobre un fenómeno bastante atípico:

cuando encendió un aparato para realizar la terapia de Roentgen, se produjo una extraña atenuación del sonido.

Este hecho despertó la curiosidad de Abrams y procedió a cambiar la orientación del paciente, constatando –con estupor– que el debilitamiento se verificaba sólo cuando el hombre estaba orientado hacia el este o hacia el oeste. Así, formuló la hipótesis de la existencia de una correlación estrecha entre el campo geomagnético y las funciones vitales.

Después de varios experimentos durante largos meses, el investigador americano concluyó que los constituyentes moleculares de las células sanas del individuo, al sufrir una alteración estructural, y en consecuencia una variación de lo que él definió como *cuota vibratoria*, se convertían en células enfermas, generando después esas características morfológicas fácilmente individualizadas en el microscopio.

Con su fértil ingenio, Abrams ideó y construyó un aparato, basado en principios eléctricos, capaz de seleccionar las distintas cuotas vibratorias de las enfermedades: llamó a este aparato (muy similar a una caja de resistencias en caída) *reflexophone*.

Las diversas cuotas vibratorias podían leerse sobre un cuadrante apropiado: el valor leído mediante una tabla se traducía fácilmente a la enfermedad que afligía al paciente examinado.

De este punto a pensar en la posibilidad de construir un oscilador eléctrico que restableciera la cuota justa de vibración de las células enfermas y, en consecuencia, curarlas, el paso fue breve.

En definitiva, ¡era un verdadero intento por influenciar a distancia el campo electrodinámico de las células enfermas, empleando un campo electromagnético!

Con la ayuda de un técnico electrónico, Samuel Hoffman creó el *oscilloclast*, más conocido como la *caja mágica de Abrams*, posteriormente modificada y mejorada por otros investigadores.

Como se ve –en esencia–, las ideas formuladas por Abrams no se alejaban mucho de las del menos conocido George Lakhowsky.

Questi, también en los primeros veinte años del siglo XX, realizó varios estudios sobre la influencia que algunos dispositivos ideados por él, en particular el llamado *radio oscilador celular*, tenían sobre las células enfermas, restableciendo la frecuencia de oscilación normal.

Abrams expresó sus ideas en varias publicaciones, entre ellas: *El secreto de la vida*, *Las ondas cósmicas* y *La radiación vital*, editadas en 1929.

Todas las exploraciones en cuestión parten, obviamente, de la hipótesis básica de que la célula constituye un verdadero circuito oscilante.

¿Es realmente absurdo este concepto?

Tal vez no, sobre todo con base en los estudios recientes de la biofísica. Veamos por qué.

La célula, un microscópico circuito oscilante

La célula –en sus líneas esenciales– está constituida por un núcleo y una membrana celular.

El núcleo a su vez está conformado por una membrana nuclear que controla los intercambios entre el ambiente nuclear y el citoplasmático, el jugo nuclear, gránulos de cromatina y uno o más nucléolos.

La membrana nuclear tiene un espesor de 280 angström y presenta, en su parte externa, carga eléctrica positiva.

En cambio, la membrana celular aparece en el microscopio electrónico como una línea densa, de un espesor de cerca de 80 angström. Ésta se constituye por dos estratos de moléculas lipídicas y dos estratos de moléculas proteicas. Además presenta, sobre la parte interna, carga eléctrica negativa.

En términos eléctricos, el hecho de que la membrana celular sea negativa sobre la parte interna y la nuclear sea positiva sobre la parte externa, nos hace pensar inmediatamente en un microscópico condensador, cuyas corazas están, precisamente, constituidas por las membranas en cuestión mientras el aislante está conformado por el citoplasma.

La capacidad de un condensador similar es directamente proporcional al producto de los rayos de las dos corazas (membranas) e inversamente proporcional a su diferencia: al ser pequeñísimos los rayos en cuestión, la capacidad de una *célula-condensador* será igual de pequeña.

La electrónica nos enseña también que un condensador, conectado en paralelo o en serie a una bobina, constituye un circuito oscilante, es decir, un circuito que –conectado correctamente– es capaz de generar oscilaciones eléctricas a una frecuencia determinada por los parámetros del circuito mismo: capacidad del condensador e inductancia de la bobina. Esto constituye, en la práctica, un circuito resonante.

Volviendo a nuestra célula, podemos compararla, según las premisas anteriores, con un circuito oscilante, capaz de emitir y recibir señales de naturaleza electromagnética.

Es obvio que estas consideraciones deben evaluarse con el criterio de hipótesis de trabajo, pero creo que pueden constituir una base para el estudio racional de los fenómenos radiestésicos y radiónicos, muy probablemente de origen ondulatorio.

Después de esta necesaria desviación, regresemos a la radiónica.

Los seguidores de Abrams

Los estudios de Abrams, fallecido en 1924, fueron desarrollados por otros investigadores.

En 1926, el doctor J. W. Wigglesworth produjo el llamado *Pathoclast*, que utilizaba para la sintonía condensadores variables en cambio de resistencias en caída, y que empleaba, además, para la amplificación tubos electrónicos al vacío.

Más adelante, se creó el *radioclast* que tuvo una gran difusión entre los médicos, en particular en Canadá.

Después de 1930, apareció en escena el *calbro–magnawave* (con la marca de Caldwell y Bronson, de la sociedad que producía el aparato), dotado de cerca de 24 cuadrantes de sintonía, para una selección más precisa de las distintas cuotas vibratorias.

Posteriormente se conocieron aparatos —muy similares a los anteriores— fabricados por Stanley Rogers y, después de la Segunda Guerra Mundial, los fabricados por Kenneth Hunter, y por Mark L. Gallert (actualmente uno de los más expertos radiónicos). Por último, pero tal vez ocupando el primer lugar por la importante contribución a la investigación radiónica, quisiera recordar a George de La Warr (quien falleció no hace muchos años) y sus complejos —y también muy discutidos— aparatos electro-ópticos para el diagnóstico a distancia de las enfermedades.

Los aparatos y la técnica radiónica

Pero, ¿qué es un aparato para el diagnóstico radiónico? Examinaremos uno en sus principales elementos.

En la práctica, está constituido por un panel que soporta una cantidad más o menos grande de resistencias variables (también de condensadores o de inductores variables), equipados cada uno con un pomo y cuadrante graduado.

En una parte del panel se ubica un pequeño recuadro, dentro del cual se localiza una sutil membrana de goma, y sobre una placa metálica (conectada internamente a distintas resistencias variables) se colocará la muestra (testigo) para examinar.

Para el análisis, como también sucede en las búsquedas radiestésicas al estilo antiguo, es necesario que alguna cosa (gota de sangre, mechón de cabellos) que pertenezca al paciente, se coloque sobre la placa metálica (de manera similar al testigo introducido en ciertos péndulos huecos). El operador radiónico, accionando también los distintos pomos, apoya un dedo sobre el sutil diafragma de goma, formulándose mentalmente preguntas sobre la naturaleza de la enfermedad en examen. Cuando se ha obtenido la perfecta sintonía entre el testigo y el operador mediante la regulación de los distintos elementos variables (resistencias, condensadores o inductores), se obtiene un característico roce entre el dedo del operador y la membrana de goma.

Hoy día se han aportado algunas variaciones a esta técnica, introduciendo también en el diagnóstico, el uso del péndulo radiestésico.

El procedimiento –como es fácilmente deducible– supone una estrecha interacción, casi una simbiosis, entre el paciente (representado por el testigo), el aparato y el operador: es en definitiva una metodología no muy distante de aquella conocida hace siglos, de la vara rabdomántica o, más precisamente, del péndulo radiestésico.

Las investigaciones en Italia

También algunos estudiosos italianos se han interesado activamente en las investigaciones en el campo radiónico. Entre éstos, no podemos dejar de recordar –para concluir estas notas– a Giambattista Callegari y sus estudios de radiobiología.

Nacido en Feltre en 1912, Callegari empezó a interesarse, alrededor de 1945, por lo que él definió *efecto K* (radiónico), por lo cual formuló algunas teorías personales sobre el *dipolo-péndulo*, un sistema capaz de revelar y medir la onda K diferenciada de la materia para, una vez identificada, proceder oportunamente al tratamiento de las enfermedades.

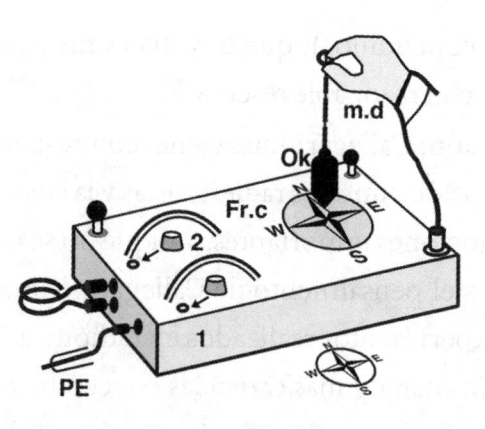

Fig. 26

Bosquejo proyectado de la llamada central K-Callegari, construida en 1948 para experimentos de radiónica. El chasis de madera (12cm x18 cm), con superficie de fórmica y fondo en aglomerado, dotado de bases de goma (1), asegura el aislamiento eléctrico de los dos circuitos, OK (oscilador) y Fr-c (Frecuencia K), regulados por pequeños condensadores variables de 0-10 pF con pomo e índice (2 y 3). Tomado de K- Biodector Calegari, de A.V. Guccione – F. Florentino Editor, Nápoles.

Antonio V. Guccione, en su K—biodetector, expone el pensamiento de Callegari sobre los temas de radiestesia y rabdomancia así: "...Dado que los radiestesistas en sus experimentos también asumen y practican frecuentemente el método de la telerrecepción, bien sea trabajando sobre fotografías y mapas topográficos, sobre ideogramas o simplemente por convención mental, el pensamiento científico normal acusa, por principio, una invasión manifiesta de la doctrina en el complejo e indefinido campo de las fenomenologías metagnómicas y la interferencia de un proceso de conocimiento (¿el sexto sentido de Richet, estimulado por el péndulo?), que hoy día es muy poco apreciado y se acoge con razonable reserva.

En esta situación, Callegari interviene, con respetuosa distancia, en la discusión entre los radiestesistas y la ciencia oficial, aportándonos nociones importantes, aunque no sean definitivas. Recordemos el pensamiento de Callegari, enmarcado en los estudios y experimentos realizados en radiónica (Efecto K, 1947): 'Al discriminar algunas carencias conceptuales del método, redimensionar los medios técnicos tradicionales en función del estado de posibilidad y precisar, con la cautela de rigor, los límites instrumentales, la telerradiestesia no es una violación de frontera de las fenomenologías metagnómicas, sino un proceso de extensión normal –por supuesto restringido al nivel radiestésico– a un campo más amplio de la fenomenología física: ¡la radiónica!'.

Más adelante menciona: '… en el campo-espacio geofísico todo oscila como un dipolo y los cuerpos o sustancias (simples o compuestas) son sede de una oscilación estacionaria característica y diferenciada que no se evidencia a nuestros sentidos normales y a los instrumentos tradicionales de medida para la *impedancia K*, opuesta al espacio atmosférico… El hombre, unidad psicobiofísica, y los seres vivientes, unidades biofísicas, se consideran –según mi modesto parecer– como biodipolos complejos…'.

Por otra parte, '…Operar sobre el campo electromagnético de la materia equivale a trabajar sobre la materia misma…' ".

Las ideas del estudioso italiano, infortunadamente, no fueron bastante analizadas y tomadas en consideración por otros investigadores. En lo personal consideramos que realmente podrían dar nuevas luces sobre las aún misteriosas relaciones entre el ser humano y las energías presentes en el ambiente en el que éste vive.

Concluiremos este brevísimo excurso sobre esa *radiestesia de frontera*, que es la radiónica, con la amarga constatación del anteriormente citado E. W. Russell: "Ya hemos pagado muy cara nuestra falta de imaginación, nuestra pereza por admitir posibilidades que parecían ligeramente fuera de lo ordinario".

Esperamos no cometer el mismo error con la radiónica, retardando así, sin razón, los beneficios que puede traer a la humanidad.

El Centro de Parestesia Experimental

Los radiestesistas en Italia, como en otros países, han visto la necesidad de asociarse con el fin de intercambiar experiencias y conducir una investigación científica sistemática.

La más antigua y prestigiosa asociación es el Centro de Parestesia Experimental de Roma (hoy día Centro de Radiestesia). El otro centro que funciona actualmente en Italia es la Asociación Italiana de Radiestesistas (AIR.), con sede en Milán, en la vía Carmagnola 9.

El Centro romano ha tenido varias sedes en su vida de labores, desde el antiguo Café Greco, siempre sitio de encuentro de pensadores y artistas, hasta la actual sede en la vía Monterone 2.

El Centro nació en 1947 por iniciativa de la Federación Italiana de Mujeres, Artes, Profesiones y Negocios (FIDAPA), organismo asociado a la *Internacional Federation of Business and Professional Women*, una asociación que tiene sedes en varios países.

Los objetivos del Centro son: efectuar investigaciones teóricas y prácticas, realizar experimentos, promover y coordinar una colaboración sistemática y dar a conocer y difundir la radiestesia con conferencias, cursos, exploraciones y consultorías.

El Centro estaba dotado de un laboratorio en el cual los expertos radiestesistas podían efectuar sus experimentos con la colaboración de expertos, tanto físicos como químicos.

Su actividad también estaba descentralizada, puesto que el centro había constituido varios grupos en diversas ciudades; el desarrollo de los trabajos de estos centros era controlado periódicamente por los expertos.

Era notable el intercambio de correspondencia con los grupos extranjeros de radiestesia y en particular con los grupos franceses.

El Centro ha sido y continúa siendo una verdadera cantera de radiestesistas y estudiosos. Citamos a Enrico Vinci, hombre de cultura y radiestesista insigne, Luigi Filonardi, Valeria Peretti Brizi, Angelo Castelli y, en nuestros días, el actual presidente Ventidio Corti, el director Franco Calvario y también varias personas con capacidades paranormales científicamente experimentadas como Sabina Rinaldi, quien ha demostrado numerosos dotes de videncia, y la muy conocida Sandra Baietto.

El órgano de difusión del Centro ha sido la *Revista Italiana de Radiestesia*, dirigida por Enrico Vinci y Editada por Vannini de Brescia.

En nuestros días, la actividad del Centro continúa siendo la investigación y divulgación; esta última se realiza a través de una conferencia mensual abierta al público, sean o no socios. Los temas tratados en estas conferencias, todas con un destacado nivel, comprenden desde la radiestesia hasta la parapsicología, y por este motivo la denominación del Centro se cambió a Centro de Parestesia, dado que los teóricos asociados consideran que la facultad radiestésica no es un fin en sí misma, sino que se enmarca en un aspecto más amplio: el de la sensibilidad paranormal.

Consideramos interesante incluir en este libro algunos extractos de artículos publicados por el Centro.

Del Boletín No. 7 de 1955
Un ensayo poético dedicado al péndulo:

Péndulo
>Pequeña cosa eres en el universo
>péndulo, tú que oscilas
>entre dos polos y dos mundos.
>En las manos de un niño
>eres un juego;
>pero para el hombre de ciencia,
>una conquista.
>Para el poeta
>tú eres el destello
>sobre horizontes
>impensables e infinitos
>que al alma intuitiva
>los acontecimientos adelanta.
>Sabe que en la semilla
>vibra el bosque
>y que en la chispa
>arde la llama.

Ada Ursis

Del Boletín No. 30, de noviembre de 1964
Radiestesia psíquica: método y significado

(…)Por radiestesia física entendemos la que se practica con la ayuda de testigos (cosas pertenecientes al sujeto de la búsqueda), o muestras de elementos diversos, como minerales, medicinas, comida, colores, símbolos, cuadrantes, etc.; mientras que por radiestesia mental entendemos la que se desarrolla sin ninguna ayuda material, sino que se deja en manos sólo de la representación mental del sujeto y de los objetos. Hemos tenido ocasión de demostrar que en el fondo no existe una verdadera diferencia entre las dos escuelas, y que más bien la mental debe considerarse una evolución de la física, o mejor, un sistema más refinado, apto para personas que tengan ya una capacidad de concentración que sólo pueden dar algunas técnicas de meditación(…).

Tienen importancia particular las investigaciones sobre el temperamento del sujeto, efectuadas mediante cuadrantes especiales(…).

Examinaremos individualmente las escuelas de psicología, dado que sólo si un cuadrante se ejecuta perfectamente puede dar la respuesta exacta: ¡No podemos pretender que un pianista ejecute una sinfonía con un piano afinado en una escala equivocada!

Examinaremos también los diversos tipos de cuadrantes, dado que, siguiendo a Jung, únicamente un símbolo adivinado puede crear en nuestro interior una emoción adecuada(…).

Enrico Vinci

Del Boletín No. 1 de 1974

Etapas esenciales en el aprendizaje de la radiestesia

(...) Saccenti expuso que una de las causas de los primeros fracasos es la rigidez del brazo y la pretensión de que el péndulo se mueva solo. El péndulo —no nos cansamos nunca de repetirlo— no se mueve solo. Esto podría ocurrir sólo si el experimentador fuera un médium de efectos físicos(...).

El péndulo es sólo un revelador de las vibraciones del brazo, que asume un movimiento particular cuando se encuentra frente al objeto buscado, aunque sea imperceptible con los cinco sentidos; entonces, en primer lugar, es necesario aprender a dejar libre el brazo.

Liberarlo, primero del control de la voluntad y después de la influencia de la imaginación y los preconceptos(...).

No menos importante es la precaución de formular la pregunta en términos simples, claros e inequívocos.

A veces sucede que un radiestesista no encuentra el agua porque se trataba de agua salada o mineral, mientras él tenía en mente encontrar agua simple y por tanto reducía involuntariamente el campo de la búsqueda.

Lo de afuera y lo de adentro

Es necesario, para el radiestesista, saberse abstraer de los apremios del mundo exterior y poder encontrar el mundo interior, porque lo que preguntamos al péndulo no proviene del mundo exterior sino de lo profundo de nosotros mismos; es con esa profundidad que se debe tratar de restablecer el contacto y en esto se concentra la atención, en primer lugar.

El radiestesista reconoce el macrocosmos en el microcosmos, porque aquello que está arriba es igual a lo que está abajo, y porque todo ser tiene en sí todas las modalidades del Ser, aunque no sean claras en el tiempo y en el espacio.

La modalidad expresada en el mundo exterior llama como un diapasón; la modalidad no expresada, en el fondo del alma del hombre, lo hace por una especie de llamada analógica y lo lleva a la conciencia más o menos profunda, inmediata o mediata del péndulo. Pero el mundo moderno nos distrae de nosotros mismos con las impresiones violentas de colores, de luces, con empeños de tareas, de movimiento.

Para sentir dentro de sí mismo es necesario parar y callar.

"Si *sedes is*" es el palíndromo escrito sobre la puerta mágica de la Plaza Vittorio de Roma. En la civilización actual queda poco tiempo para sí mismos(…).

Ventidio Corti

Del Boletín No. 7, de enero-febrero de 1955

Unidad de la radiestesia

(…)Existen muchas teorías que agrupadas en las teorías físicas y mentales, se encuentran en contradicción entre ellas, aun si pertenecen a la misma clase: y no es raro encontrar un autor en contradicción consigo mismo(…).

El padre Bourdoux, gran radiestesista, declara francamente en su libro que la teoría de la radiestesia no le ha servido nunca, así que se contentó sólo con los resultados.

Franco Calvario

Del Boletín No. 33, de junio de 1965
Acción de campo

(…)La historia de la radiestesia es muy antigua: se pierde en la prehistoria.

Infortunadamente, los datos que tenemos sólo se remontan a la época de los etruscos, el genial pueblo que habitaba en Italia central y septentrional antes de la época romana.

Digo los etruscos, pero mi amigo el príncipe de Rackewiltz, conocido egiptólogo, me obsequió un péndulo egipcio encontrado por él mismo en una tumba del año 4000 a.C.; el péndulo es de yeso, y fue hallado con el hilo enrollado por completo.

El término rabdomancia se cambió al de electrometría animal: y con este nuevo nombre trabajaron Volta y Galvani.

Después, las nuevas teorías científicas también se desarrollaban en el campo de nuestro estudio, y el abate Mermet acuñó el nuevo término de radiestesia, elegantemente a la moda en la época de las radiaciones y de la radio.

Ahora, las visiones científicas han cambiado nuevamente: es necesario estar de nuevo a la moda para permanecer al corriente de la evolución de la ciencia. Ahora todo el pensamiento científico se aplica al estudio de los campos de fuerza, y ese concepto ingresa en la mente y el bagaje cultural del individuo moderno, aun del más común.

Nuestro consultor para la física, el profesor Bambigliani Zoccoli, propuso el término acción de campo, para sustituir el de radiestesia, más bien anticuado.

Para evitar las molestas polémicas e incomprensiones con el mundo de la ciencia —de las cuales somos espectadores todos los días–, disputas debidas a que se nos reprocha usar inadecuadamente el término radiación, que tiene para los físicos un significado muy preciso, yo propongo, apoyado en lo que formula el Colegio de los Expertos y Consultores del CESPERA, acuñar un nuevo nombre que tenga el significado de sensibilidad a los campos de fuerza.

En la práctica, siempre hay la necesidad de encontrar un término que suene bien a nuestros oídos.

Bien, en las lenguas latinas, *campostesia* suena verdaderamente mal; en cambio en inglés *Field Perception* tiene un sonido agradable y un significado preciso; propongo adoptarlo sobre el plano internacional, lo que estaría bien con el fin de evitar incomprensiones y disputas siempre molestas y superfluas. Así terminaríamos con las acusaciones y reproches de los físicos y la ciencia oficial: ¡y así nuestros enemigos habrían perdido su último pretexto!

Enrico Vinci

Y con este último fragmento cerramos las citas de la revista, órgano de difusión del Centro de Parestesia.

La revista ya no se publica; pero se pueden obtener, por solicitud, las memorias de las conferencias que se desarrollan mensualmente.

El propósito de las citas de la revista es destacar cómo el centro romano siempre se ha distinguido por la originalidad de las tesis sostenidas y la seriedad de la investigación científica.

CONCLUSIÓN

Llegamos al final de nuestro modesto trabajo.

Intentamos trazar una panorámica de la radiestesia y sembrar, en quien ha tenido la paciencia de seguirnos, el estímulo para probar. Obviamente, en este trabajo hemos tratado de plasmar toda nuestra experiencia y muchas de nuestras opiniones personales.

En la parte esencialmente práctica, nos limitamos a aconsejar ejercicios simples, sin extendernos en el análisis de los campos de aplicación de la radiestesia, cosa que es fácil encontrar en otros textos.

Hay una razón para todo esto: consideramos que es importante lograr que primero se accione el mecanismo y después el individuo, el experimentador sigue adelante solo.

Lo mismo es válido para lo que tiene que ver con la metodología.

A la pregunta ¿cuál es el mejor método?, solo se puede responder: "El mejor método es el de ustedes". Sí, el mejor método es el de ustedes: el método que se han construido solos, día tras día, cumpliendo y acumulando experiencias prácticas.

Nos han llegado consejos y sugerencias de todas partes, los consejos nunca son demasiados.

Tal vez regresaremos nuevamente sobre el tema en un próximo trabajo, todavía hay cosas por decir, precisamente respecto a la teoría de la radiestesia: el ser humano evoluciona lentamente y con él las ideas. Estaremos atentos a ver cuánto podrán ayudarnos las investigaciones parapsicológicas en la ardua tarea del conocimiento y, lo que más cuenta, en la conciencia del individuo.

Ahora, el maravilloso y mágico mundo del péndulo les ha abierto sus puertas: ¡sepan aprovechar esta ocasión y... prueben!

BIBLIOGRAFÍA

Ammiano, Marcellino. *Le storie*, Lib. XXIX. Edizioni Zanichelli, Amoretti, Carlo *Richeche storico fisiche sulla rabdomanzia.*

Breton, S. *Traité pratique de radiestésie.* Schmidt, 1941.

Bourdoux, R. P. *Notions pratiques de la radiestésie pour les missionaires.* Maison de Radiestésie, Parigi.

Callegari, Giambattista. *Radiobiologia Sperimentale.* Edizioni Farmital, Nápoles, 1968.

Castelli, Don. *La Rabdomanzia.* Edizioni Salani.

Chevreul. *De la baguette divinatoire, du pendule explorateur et des tables tournantes.* Mallet Bachelier, París, 1854.

Corti, Ventidio. *Sulla radiestesia.* Dispensa dell'Accademia Tiberina, Roma, 1961.

Dèttore, Ugo. *L'altro regno.* Bompiani, 1973.

Gennaro-Guzzon-Marsigli. *La foto Kirlian. Ricerche e prospettine.* Edizione Mediterranee, Roma, 1976.

Guccione, Antonio *V. K-Biodetector Callegari.* Fausto Florentino Editore, Nápoles, 1967.

Inardi, Máximo. *L'ignoto in noi.* Sugar Editore, 1973.

Lakhowsky, George. *La nature et ses mervilles – Radiestésie.* Hachette, 1936.

The secret of life, cosmic rays and radiations of livings beings. Health Science Press.

Luzy A. *La radiestésie moderne.* Parigi, Dangles.

Watson, Lyall. *Supernatura*. Rizzoli, 1973.

Marsigli, Pierluigi. *I guaritori filippini*. Edizioni Mediterranee, Roma, 1977.

Mermet, Alexis. *Principi e pratica della radiestesia*. Astrolabio, Roma, 1977.

Moine, Michel. *Guida alla radioestesia*. Armenia Editore, Milán, 1975.

Moss, Thelma. *La probabilità dell'impossibile*. Astrolabio, Roma, 1976.

Muramoto, Naboru. *Il medico di se stesso. Manuale pratico di medicina orientale*. Feltrinelli, 1975.

Revista Italiana de Radiestesia.

Russel, Edward W. *Rapporto sulla radionica*. MEB, Torino, 1977.

Stiattesi, Raffaello. *Manuale di radioestesia e geofisica*. Edizioni Vannini, Brescia, 1941.

Sudre, René. *Trattato di parapsicología*. Astrolabio, Roma, 1966.

Tocquet, Robert. *L'ombra svelata*. Dellavalle Editore, 1971.

Tompkins P. y Bird C. *La vita segreta delle piante*. Sugarco Edizioni, Milán, 1975.

Turenne, L. *Radiestésie scientifique*. Maison de Radiestésie, París.

Vasiliev, L. L. *Esperimenti di suggestione mentale*. MEB, Torino, 1976.

Vallemont, Abbé de. *La phisique occulte ou traité de la baguette divinatoire*. París, Boudot 1701-1702, 1722-1752.

Vinci, Enrico. *Presupposti per una fisica radiestesia*. Edizioni Vannini, Brescia, 1969.

Wethered Vernon, D. *Medical Radiestesia and Radionics*. C. W. Daniel Company Ltd., Londres, 1957.

Jurion, Jean. *La radiestesia*. Editore Ulrico Hoepli, Milán, 1975.

Zampa, Pietro. *L'agricoltura nelle meraviglie di una nuova scienza*. Edizioni Vannini, Brescia, 1943.

Elemento di radioestesia. Edizioni Vannini, Brescia, 1941.